DMZ 접경지역 기행 1

고성편

1

D M Z
접 경 지 역
기   행

고
성

건국대학교
통일인문학연구단
DMZ연구팀

경인문화사

목
차

01 다양한 생명을 품은 바닷길,
연어의 꿈이 되어 흐르다

해수플랜트연구센터   009
송지호   011
한해성수산자원센터   013
화진포와 화진포의 생태·해양박물관   017

02 남북 사이의 길은 막혀도
파도는 동해안 지질공원을 만든다

화진포   027
송지호   030
서낭바위   032
능파대   033
청간정   035

03 동쪽 끝 바닷가에서 만나는
인류의 발자취

문암리 선사유적   043
반암해변과 반암마을   045
화포리와 죽정리의 고인돌들   048

04 건봉사 가는 길,
국난 속에서 중생과 함께 한 해탈의 길

숭모공원   057
육송정 홍교   058
사명당 의승병 기념관   059
불이문   060
적멸보궁   062
진신사리탑   064
영월교   065
능파교   066
대웅전·만일염불원·명부전   067
등공대   068

05 굽이굽이 길 따라
옛사람들 이야기 오늘도 흐르네

울산바위   077
화암사 수바위   079
연안김씨 열녀각과 노상언 효자각   083
함희석효자각과 양근 함씨 4세5효자각   086
화진포   089

06 금강산이 품은
목조건축의 아름다움

간성향교 097
왕곡마을 099
어명기 가옥 102
천학정과 청간정 104

07 7번 국도에서 만나는 좌절된 꿈,
그리고 분단의 두 얼굴

합축교 113
당포함 전몰장병 충혼탑 115
통일안보공원 117
명파리 마을 119
동해선철도남북출입사무소와 제진역 120
DMZ박물관 122
6·25전쟁체험전시관 124
고성 통일전망대 126

08 어둔 밤 더욱 밝게 빛나는 등대는
남북을 잇는 불빛일까

가진항 133
거진항과 거진등대 135
금구도와 대진등대 140
명파리 마을 143

09 진부령과 울산바위에서 떠올린
그리운 금강산

진부령 151
진부령미술관 153
향로봉지구 전투전적비 154
건봉사 등공대 156
고성산·운봉산 현무암지대 157
울산바위 158

10 탐욕을 부르는 아름다움,
권력이 사랑한 화진포

이승만 별장 167
이기붕 별장 170
화진포의 성 173

01

다양한 생명을 품은 바닷길,
연어의 꿈이 되어 흐르다

해수플랜트연구센터 – 송지호 – 송지호 철새관망타워
– 해양심층수 수산자원센터 – 북천 연어맞이광장 – 북
천철교 인증센터 – 화진포 생태박물관 – 화진포 해양
박물관

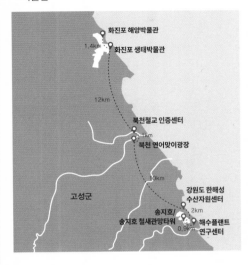

미래의 생명수를 연구하는, 해수플랜트연구센터
강이 싣고 온 모랫둑에 담긴 바다, 송지호
한해성수산자원센터, 돌아오지 않는 명태를 위하여
남한 최대 석호, 화진포와 화진포의 생태·해양박물관
철새와 명태가 다시 돌아올 날을 기다리며

_____ 중학생 때 배웠던 것 가운데 어렴풋이 기억나는 게 하나 있다. '동고서저東高西低'다. 아니, 그때는 사자성어인 줄 알았다고 하는 편이 맞으리라. 동고서저 지형은 푄 현상의 일종인 높새바람을 만들고, 강 대부분을 서쪽으로 흐르게 했고, 강들은 너르고 완만한 땅을 넓게 흐르며 도시와 곡창지대의 젖줄이 되었다. '영서지방'의 특징이다.

_____ 반면 '영동'에서는 우뚝 솟은 태백산맥 자락이 갑자기 깊은 동해와 마주친다. 높은 산의 계곡을 따라 흐르던 물길은 멈출 새도 없이 바다를 만나 싣고 온 토사를 뱉어내고 바다의 부분이 된다. 오랜 세월 강들이 뱉고 간 토사는 양쪽에서 서로를 향해 손을 뻗는 둑처럼 쌓인다. 이렇게 만난 모래 둑은 동해를 한 덩이 떼어 가둔다. 석호다.

_____ 한편 깊은 동해는 남쪽에서 올라오는 따뜻한 난류暖流와 시베리아에서 내려오는 차가운 한류寒流가 엉키고 뒤섞이는 만남의 장이다. 난류와 한류가 만나는 그 아래는 차갑고 맑은 해양심층수도 흐르고 있다. 요즘 '인류의 마지막 자원'이니 '미래의 생명수'니 하는 바로 그 해양심층수가, 서해나 남해와 달리 육지에서 멀지도 않은 해저를 흐르고 있다. 그리고 그 바다에는 각종 어족이 남북을 오가며 다른 바다에서는 볼 수 없는 풍부한 해양생태계를 이루고 있다.

미래의 생명수를 연구하는,
해수플랜트연구센터

해양심층수는 햇빛이 닿지 않는 수심 200m 이상의 깊은 곳에 존재하는 바닷물로, 북극과 남극의 차가운 바닷물이 심해로 가라앉아 심층의 지구 표면을 따라 이동하는 바닷물이다. 해양심층수가 지구 한 바퀴를 도는 데 걸리는 시간은 대략 1천여 년이라고 한다. 해양심층수는 바다의 표층을 흐르는 바닷물과 달리 햇빛이 들지 않기 때문에 플랑크톤의 활동이 거의 없고, 각종 병원균, 오염 물질 또한 없는 극도의 청정수이자 연중 매우 낮은 온도를 유지하고 있다.

해양심층수 수자원센터 내 전시물

그래서 해양심층수는 현재 지하 광천수보다 더 깨끗하며 인체에 필요한 미네랄(칼슘, 칼륨, 마그네슘, 나트륨 등)도 더 풍부하게 지닌 것으로 알려져 있다. 물론 이를 담수화하는 것이 문제가 되기는 한다. 그리고 해양심층수는 심해를 흐르기 때문에 계절에 상관없이 연중 2℃ 이하의 저온을 유지하고 있다. 그래서 20℃가 넘는 수온의 차이를 이용하여 이를 전기에너지로 바꿀 수 있다. 이런 이유에서 많은 과학자가 바닷물의 95%를 차지하는 해양심층수를 '인류의 마지막 자원', '미래의 생명수'라고 표현한다.

서해, 남해, 그리고 제주도의 해양심층수는 육지로부터 멀리 떨어진 곳에 있지만, 동쪽 바다는 매우 가까운 곳에 있다. 이것은 급격하게 솟아오른 태백산맥이

해양심층수연구센터

바다와 급경사면을 만들고 있기 때문이다. 특히, 고성의 해양심층수는 블라디보스토크 남동부해역을 흐르는 해저심층수가 동해로 흘러든 것으로, 청정성, 저온성, 부영양성, 고 미네랄 등의 4대 특성이 있다. '해수플랜트연구센터'는 바로 이런 동해의 해양심층수를 개발하기 위해서 정부와 대학, 기업이 컨소시엄을 구성하고 이를 본격적으로 연구하는 곳이다.

2001년부터 한국해양과학기술원은 해양심층수 개발을 시작했다. 2005년 해양심층수 개발이 국책사업에 선정되면서 강원도 고성군 오호리에 해수플랜트연구센터가 세워졌다. 해양심층수의 조건인 수심 200m 지점은 해수플랜트연구센터로부터 2.4km밖에 되지 않는다. 해수플랜트연구센터는 고성군 앞바다의 해양심층수를 채취하기 위해 두 개의 시추관을 수심 300m와 500m의 깊이로 뚫고 지름 216mm의 취수관을 연결하여 매일 1,100여 톤의 심층수를 끌어 올리고 있다.

해수플랜트연구센터에서는 해양심층수를 채취하여 여러 가지 연구에 활용하고 있다. 심층수의 온도 차를 이용한 에너지 개발, 심층수를 담수화하거나 농축·추출하는 기술의 개발 등이 대표적이다. 또한 이를 위한 설계 기술의 고도화와 핵심 장치의 개발 및 개선과 이러한 기술의 성능 평가와 기술 지원도 해수플랜트연구센터가 도맡아 하고 있는 연구다.

강이 싣고 온 모랫둑에 담긴 바다,
송지호

석호潟湖는 호수다. 호수는 호수인데 육지의 담수가 아니라 해수가 담겨 있다. 우리나라에서 석호는 동해, 그것도 강릉 이북으로 많이 있는데, 그 이유는 이렇다.

일단 석호가 만들어지기 위해서는 토사를 실은 하천의 길이가 짧고 경사가 급해야 한다. 그리고 기반암이 침식에 약한 화강암이면 더욱 좋다. 경사가 급한 하천은 더 센 물길로 더 많은 흙과 모래를 깎으며 내려오고, 길이가 짧으면 그것들을 중간에 풀어 놓을 새 없이 아랫목까지 가지고 오게 된다. 이렇게 내려온 하천의 토사물은 바다가 육지로 움푹 들어온 만을 만나게 되면 갑자기 속도가 늦춰지며 만의 둘레를 따라 토사물을 뱉게 된다. 그렇게 뱉어진 토사물들이 양쪽에서 사주沙柱, 즉 모랫둑을 만들어가다 서로 만나면서 자연스레 댐처럼 물을 가두게 되는 것이다. 이것이 바로 석호다.

동해에는 함경북도 라선시로부터 강원도 강릉시까지 석호가 펼쳐져 있지만, 남한에서는 특히 이곳 송지호와 더 북쪽의 광포호, 영랑호 그리고 화진포가 유명하다. 그렇다, 모두 고성에 있다.

송지호의 크기는 고성 최대 석호인 화진포의 1/4 정도에 불과하지만, 그 경치

송지호 철새관망타워

만큼은 절대로 화진포에 뒤지지 않는다. 송지호는 전체 둘레가 약 6.5km인 자연 석호로, 이름이 말하듯 소나무 숲이 호수와 어우러져 아주 멋진 풍경을 그려낸다. 게다가 그 앞의 바닷가에는 '죽도竹島', 그러니까 대나무숲 섬이 있어, 한데 어우러지며 빼어난 경관을 자랑했기 때문에 1977년에 이미 국민관광지로 지정된 바 있다.

송지호 맞은편 바닷가에는 송지호해수욕장이 있는데, 약 4km에 걸친 하얀 백사장을 가지고 있다. 송지호 주변으로는 송지호의 수려한 경관을 감상하면서 걸을 수 있는 둘레길이 조성되어 있다.

석호는 땅과 바다가 만나는 곳에 만들어진 호수이기 때문에 매우 다양한 생물종이 살기 좋은 곳이다. 더구나 송지호는 바다와 통하는 물길이 있어 담수와 해수가 섞이면서 바닷물고기와 민물고기가 함께 산다. 다양한 물고기들은 다시 다양한 철새를 불러들인다. 겨울의 송지호는 청둥오리와 기러기, 쇠오리, 비오리, 흰꼬리수리, 민물가마우지, 고니가 머물다 가는 겨울 철새들의 휴게소다. 송지호에 '송지호 철새관망타워'가 있는 이유다. 그래서 겨울이면 천연기념물 201-1호인 고니를 보러 오는 사람들로 북적인다.

우리나라를 찾는 고니는 큰고니와 유사하게 생겼으나 몸길이는 120cm 정도로, 큰고니에 비해 작으며 흰색의 몸통에 얼굴부터 목까지는 오렌지색이다. 또한, 부리는 앞쪽 절반이 검은색, 그다음이 노란색이다. 송지호 둘레길 주변에 조각된 여러 고니 모습은 이를 형상화한 것이다. 송지호 철새관망타워의 모습도 송지호를 찾아온 고니에서 아이디어를 얻었다고 한다.

송지호 철새관망타워는 2004년 착공하여 2007년 7월 5일 개관하였으며, 4층 높이로 세워져 송지호에 날아든 철새들을 한눈에 조망할 수 있다. 또한, 각 층에는 총 89종 240여 점의 조류들을 박제한 조류박제관을 두고 있으며 이들 조류의 서식지와 이동 경로 등에 대한 정보들을 제공하고 있다.

한해성수산자원센터,
돌아오지 않는 명태를 위하여

고성군은 예로부터 한국을 대표할 수 있는 어항漁港들을 가지고 있는 지역이었다. 북의 대표적인 어항인 장전항은 현재 갈 수 없지만, 남쪽 지역에 속하는 대진-거진-가진으로 이어지는 항구들도 대표적인 어항이라고 할 수 있다. 이들 항구에서는 과거에 명태, 청어, 정어리 등을 많이 잡았다.

하지만 지금은 이들 대표적인 어종들의 어획량이 급감하고 있다. 특히, 차가운 물에서 사는 냉수성冷水性 어종인 명태는 어미들뿐만 아니라 새끼인 노가리까지 잡아들이는 남획과 더불어 지구온난화에 따른 수온 상승으로 어획량이 급감하였다. 그러더니 급기야 2000년대 들어서는 더 추운 북쪽 바다로 올라가 버려서 이제 동해 연안에서 아예 사라진 상태다.

해양심층수 수산자원센터는 바로 이렇게 사라져가는 어족자원들을 보호하고 이를 복원하고자 2011년에 세워졌다. 해양심층수 수산자원센터의 사업 중 가

연어맞이광장 저편 북천이 보인다.

장 핵심적인 사업은 '명태 살리기 프로젝트'다. 2016년 한해성수산자원센터로 이름을 바꾸고, 세계 최초로 명태 양식에 성공했다. 해수플랜트연구센터와 손을 잡고, 센터 이름 그대로 바닷물보다 더 차가운 해양심층수를 활용한 것이다. 세계적인 연어양식국이자 수출국인 노르웨이가 연어양식에 해양심층수를 활용한 것에 착안했다고 한다. 한해성수산자원센터는 명태 치어를 15~20cm 크기로 키운 뒤 일부는 근처 가두리 양식장에서 더 키우고, 일부는 동해에 방류하여 바다 생태계를 복원시키기 위해 노력하고 있다.

명태는 여러모로 쓰인다. 덕장에 널어 겨울바람에 얼었다 녹았다 하면서 잘 마른 명태는 속이 노란 '황태'로 거듭난다. 황태는 원래 함경도의 실향민들이 남녘에 정착하면서 만들어 먹기 시작했다. 북으로 북으로 올라가 돌아오지 않는 명태가 다시 고성 앞바다에서 헤엄칠 날이 오면 남과 북이 자유롭게 오가며 고향 사람들과 다시 만날 수 있게 될까?

널리 알려진 것은 아니지만 해마다 3월이 되면 북천 연어맞이광장에서는 남북이 함께 어린 연어를 방류하는 '연어의 꿈 잔치'를 연다. '연어의 꿈 잔치'는 1996년 고성 명파천에서 어린 연어 100만 마리를 방류하는 작은 행사에서 시작되었다. 이후 2001년이 되자 이 사업은 남북이 함께, '돌아올 미래'를 희망하는 사업으로 발전했다. 남북은 함께 북녘의 안변에 연어부화장을 세워 방류할 어린 연어를 길러냈다. 그리고 3월이 되면, 남쪽에서 흘러 북쪽을 지나 동해로 가는 북천에서 어린 연어를 함께 풀어놓는다.

더불어 끊겼던 북천철교도 평화누리길로 리모델링되어 관광객을 맞고 있다. 그러나 다 뜯어내고 새로 만들지 않았다. 한국전쟁 당시 쏟아졌던 포탄 자국은 폐철각 위에 그대로 남겨뒀다. 우리가 넘어서야 하지만, 또한 잊어서도 안 되는 기억의 고랑을 함부로 메워버릴 수 없기 때문이다.

남한 최대 석호,
화진포와 화진포의 생태·해양박물관

송지호를 소개하면서도 언급된 화진포는 남한에서 가장 큰 석호다. 화진포의 최대 수심은 3.7m, 호수 면적 2.37km², 둘레는 16km에 달한다. 크기도 클 뿐 아니라 경관도 수려하기에 강원도 기념물 제10호로 지정되어 있다. 화진포는 안쪽의 내호內湖와 바다와 마주한 바깥쪽의 외호外湖로 구성되어 있는데, 이 둘은 평소 서로 이어져 있지 않다가 장마나 폭풍이 와서 물이 넘치면 바다와 일시적으로 연결되는 '갯터짐 현상'이 일어난다. 이렇게 내호와 외호가 서로 섞이면 생태계는 더욱 풍부해진다. 그렇기에 화진포에는 고성의 다른 석호보다 더 많은 생물종이 서식하고 있다.

—
화진포

화진포생태박물관

　이러한 단절과 연결의 역사가 화진포를 종 다양성을 가진 '생태계의 보고'로 만들어 놓았다. 화진포에는 고성의 다양한 생물종을 설명하는 '화진포생태박물관'과 '화진포해양박물관'이 있다. 언뜻 이름만 보면 구분이 잘 안 되는데, 화진포생태박물관은 '화진포'라는 '호수'의 독특성을 중심으로 구성된 박물관이라면, '화진포해양박물관'은 화진포를 중심으로 고성의 여러 해양 생물체들을 테마로 구성한 박물관이다.

　조금 더 자세히 설명하자면, 먼저 화진포생태박물관은 석호라는 독특한 생태환경이 만들어내는 지질학적 정보들과 동해안의 석호들을 시각적으로 재현해 놓은 1층 전시실에서부터 시작하여 화진포호에 사는 각종 동·식물들과 천연기념물들을 차례대로 소개하고 있다. 멸종위기 동물인 고니, 큰기러기, 가창오리, 검독수리, 흰꼬리수리, 물수리, 원앙, 황조롱이가 가장 인기가 많은 주인공이지만 남생이 같은 천연기념물도 빼놓으면 섭섭해할 것이다.

　또한 화진포생태박물관은 이들 멸종위기 동·식물들은 물론 화진포호에 사는

화진포해양박물관

다양한 물고기도 소개하고 있다. 화진포는 담수와 해수가 섞이는 석호이기 때문에 담수어와 해수어 외에도 바닷물과 민물이 만나는 강어귀에 사는 물고기인 기수어汽水魚도 살고 있다. 화진포생태박물관은 이들의 모습과 생태에 대한 다양한 설명을 함께 제공한다.

화진포의 물고기들을 조금 더 자세히 보고 싶다면 자리를 화진포해양박물관으로 옮기는 편이 더 좋다. 화진포는 민물과 바닷물을 오갈 수 있는 숭어, 전어, 황어, 도미 외에도 가시고기, 잔가시고기 등과 같은 '멸종위기 동식물 Ⅱ급'에 속하는 2종의 물고기들도 서식하고 있다. 화진포해양박물관에는 바로 이와 같은 대표적인 수중생물 125여 종 3,000여 마리뿐만 아니라 조개류·갑각류·산호류·화석류 등도 1,500여 종 4만여 점이 전시되어 있다.

크게 두 가지 테마에 따라 패류박물관과 어류전시관으로 구성되어 있는데, 패류박물관과 어류전시관 사이에는 해저터널이 연결되어 있다. 180°의 해저터널에서는 살아 있는 산호섬 주변에서 사는 열대어로 구성된 아쿠아리움을 가까이에서 직접 볼 수 있는 진귀한 체험을 할 수 있다. 또한 바다의 하루, 신비한 바닷속 여행, 화진포 등을 테마로 한 입체영상관도 있고 수중생물의 화석도 전시되어 있다.

철새와 명태가 다시 돌아올 날을 기다리며

고성은 한동안 DMZ, 통일전망대가 관광의 중심이었다. 사실 고성에도 해변이 있지만, 사람들은 강릉의 경포대로 더 많이 몰렸고, 싱싱하고 다양한 먹거리에도 불구하고 속초시장이 더 유명세를 누렸다. 이 글에 아쉬움이 많이 묻어 있는 듯하다면 이 때문이다. 참 좋은데 사람들이 잘 모르는 것 같아 아쉬워서.

고성에 사람들이 북적대면 철새와 명태가 혹여 찾지 않을까 봐 걱정스럽기도 하다. 지난날 함께 모여 끼룩거리며 하늘과 바다를 뒤덮던 철새와 명태가 더는 오지 않게 된 이유가 죄다 인간의 난개발과 남획 탓임을 우리는 이미 알고 있다. 이제 다시는 그러면 안 된다는 것도. 따뜻한 관심이 조심스럽게 고성에 쏟아지길 바란다.

해수플랜트연구센터와
한해성수산자원센터

역사적인 곳들과 풍광 좋은 곳들이 많은 고성이지만, 고성에만 있는 곳들이 있다. 그 중에서도 해수플랜트연구센터와 해양심층수 수산자원센터의 의미는 남다르다.

해수플랜트연구센터는 한국해양연구원이 동해의 해양심층수를 개발하기 위해 2005년 9월, 강원도 고성군 죽왕면 오호리 해변가에 만든 연구시설이다. 주요 연구는 ①심층수의 온도차를 이용한 에너지 개발 및 냉난방 등의 사용 기술 개발, ②심층수를 담수화하거나 농축·추출하는 기술의 개발, ③설계 기술의 고도화와 핵심장치의 개발 및 개선, ④성능 평가와 기술 지원 등이다. 서해안과 남해안의 평균 수심이 깊지 않아 해양심층수를 개발하기 어렵지만 동해안은 수심 200m 이상이 지역이 육지로부터 매우 가까운 곳에 있어서 해양심층수의 개발 연구에 매우 유리하다.

한해성수산자원센터는 전국 최초로 해양심층수를 활용한 기술을 연구하는 연구센터이다. 어촌지역의 경제 활성화를 위해 차가운 바닷물에 서식하는 '한해성' 수산종묘水産種苗를 주로 연구 개발하고 있다. 주요업무는 ①어류, 패류, 갑각류, 해조류와 수산자원의 양식 및 방류, ②동해안 특산어종의 복원을 위한 양식기술의 연구개발, ③한해성 양식품종들의 질병연구 및 기술보급, ④신품종의 연구개발 및 생산, ⑤먹이생물의 원종原種 보존 및 배양, 보급 등이다.

해수플랜트연구센터와 한해성수산자원센터는 매우 가까운 거리에 있다. 가급적 두 곳을 함께 방문하는 것을 추천한다. 이곳은 연구시설이기에 사전허가 없이 내부를 관람하는 것은 금지되어 있지만, 미리 연락을 하고 방문하면 훨씬 더 많은 정보를 아주 친절하게 들을 수 있다. 이곳에서 특히 봐야 하는 것은 무엇보다 '명태'이다.

명태의 어원에 대해서는 임유원의 『필하일기』에 전해지는 기록이 있다.

"명천에 사는 태씨 어부가 물고기를 잡아서 관청에 바치니, 지금으로 말하면 도지사인 도백(道伯)이 먹고 너무 맛있어서 물고기 이름을 물어보니 다만 명천의 어부 태씨가 잡았다고만 했다. 그러자 도백은 '명천의 태씨가 잡았으니, 명태라고 이름을 붙이면 좋겠다'고 했다. 이후로 이 물고기가 너무나 많이 잡혀 장작처럼 쌓아둘 정도였다. 사람들은 '북어(北魚)'라고 불렀다. 민정중이 이를 보고 '300년 뒤에는 이 물고기가 더 귀해질 것이다'라고 했다는데, 이제 그 말이 맞다."

임유원은 1814년부터 1888년까지 살았던 조선 말기의 문신이고, 민정중은 1682년에 태어나 1692년까지 살았던 조선 중기의 문신이다. 이 기록으로만 보면 명태는 17세기 중엽 이전에 이미 많이 잡혔고, 임유원의 시대에 벌써 꽤 귀한 취급을 받으며 널리 식용되었던 것 같다.

지금도 명태는 정말 여러 가지로 다양한 음식이 된다. '이것도 명태라고?' 할 정도로 말이다. 명태는 주로 말려서 먹는데, 산바람과 바닷바람을 오래 맞고 곱게 말라 예쁜 누런 빛을 띠면 바로 '황태'다. 혹 바람이 너무 차거나 습하면 하얗게 되는데 이것은 '백태'고 반대로 너무 따뜻하면 껍질이 검게 변하기도 하는데, 이러면 그 이름은 '흑태'라 한다. 생선은 머리가 무거우니 매달려 마르다 머리가 떨어져버리면 '무두태', 딱딱해진 것은 '골태' 혹은 '깡태', 산란 후 잡혀서 앙상하게 꺾여 마른 것은 '꺽태', 새끼는 '애태', 반대로 아주 큰 것은 '대태' 등등이 모두 '명태'의 다른 이름들이다. '코다리'도 명태인 것은 널리 알려진 사실이지만, 그 이유는 잘 모르시는 분이 많으리라. 명태를 내장과 아가미를 빼 말려서 네 마리씩 코를 꿰어 팔았기 때문이라고 하니, 이름도 많다.

　한해성수산자원센터에 가면 이 밖에도 명태의 생태와 환경, 각 성장 상황에서의 모습 등을 자세히 볼 수 있다.

02

남북 사이의 길은 막혀도 파도는 동해안 지질공원을 만든다

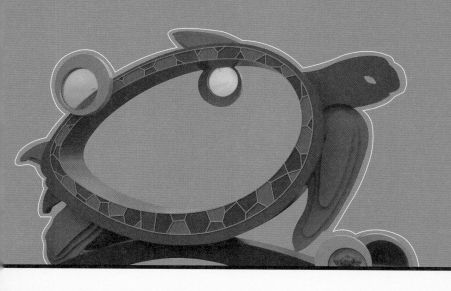

| 화진포 – 송지호 – 서낭바위 – 능파대 – 청간정

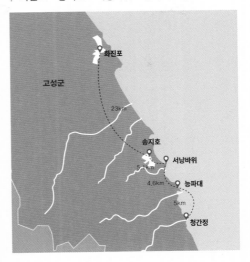

호수와 바다의 상생과 소통, 화진포
민초의 소망이 담긴 철새의 안식처, 송지호
바다 사람의 염원과 소나무, 서낭바위
파도가 바위에 남긴 소금의 조화, 능파대
온 생명을 품는 장엄한 일출 맞이, 청간정

_____ 2017년 6월 서울양양고속도로가 개통되면서 수도권 사람들은 훨씬 더 빨리 동해로 갈 수 있게 됐다. 서울에서 출발하면 양양까지 62개의 터널을 지나는데, 10.965km에 이르는 인제양양 터널을 통과할 때 운전자들은 몽롱해지는 의식을 다잡아야 한다. 양양에서 다시 고성으로 북진하면 진 부령을 넘어 동해안으로 가던 옛길보다 거리는 좀 더 멀지만 이동 시간은 비슷하게 걸린다.

_____ 그런데 태백산맥 줄기를 관통하는 '거대한 튜브'를 질주할 때와 봉우리들 사이의 오래된 고갯길을 넘어갈 때 느끼는 대지大地와의 거리감은 다를 수밖에 없다. 구불구불한 경사로를 내려가지 만, 진부령 옛길에서 스치는 풍경은 여행자에게 많은 것을 선사한다. 산과 마을이 만나 이루는 선線의 흐름, 산세에 따른 바람의 변화, 지역의 특색, 조금씩 다른 마을의 냄새, 빽빽한 나무들 사이 숲의 속살, 드문드문 이어지는 생각의 여백 같은 것 말이다.

_____ 해로와 육로를 통한 '금강산 관광'이 중단된 지 어느덧 10년이 넘었다. 접경지역인 동해 안 북단은 여름 휴가철을 제외하곤 계속 한적하다. 해안을 오른쪽에 두고 달리는 7번 국도에서 멀찍이 보자면 동해 바다는 죄다 거기가 거기 같다. 하지만 쉽게 지나치는 고성의 항구와 해수욕장 사이사이 엔 유수流水와 파랑波浪이 조각해놓은 풍경들이 숨어 있다. 지질학적 시간의 흐름과 전 지구적 기후 변화의 흔적이다.

_____ 그 '대지의 시간'이 만들어내는 해안 지형을 따라 '찰나의 시간'을 살아가는 뭇 생명이 남 북으로 서로 교통한다. 한 지역의 지리적 요소는 단순한 자연환경이 아니라 그 땅에서 나고 흩어졌던 생명성의 기초이며 로컬리티(locality)의 토대이기도 하다. 관광지의 번다함 사이에서 그것을 조금이라 도 느끼려는 여행자에겐 지역의 고유한 인문지리와 생활문화가 스며든다. 자세히 보아야 정겹고, 천천 히 걸어야 사랑스럽다.

호수와 바다의 상생과 소통,
화진포

고성의 다양한 해안 지형 중에서도 가장 다채로운 곳을 꼽는다면 단연 '화진포'다. 호수와 바다가 서로 무심한 듯 마주하고 있는 이곳에는 한적한 정취가 흐른다. 사람을 포근히 감싸는 듯한 화진포의 풍경은 석호潟湖의 양면적인 아름다움을 잘 보여준다. 석호는 개천을 통해 바다로 흘러드는 토사가 빙하기 이후 높아진 해수면으로 인해 퇴적되면서 만들어진다. '개펄-호수'라는 한자어처럼 석호는 민물이 천천히 바다로 흘러가면서 만들어지는 중첩지대다.

화진포도 유속이 느려진 민물이 하구에서 바닷물과 섞이면서 넓은 만灣을 이루고, 그 만의 입구에서 만들어진 모래톱을 통해 짭조름한 물을 품은 기수호汽水湖(brackish water lakes)가 되었다. 바닷물과 민물이 섞여 있는 호수인 기수호는 고성군에만 7개가 있었다. 휴전선 이남 동해안에 18개나 된다는 크고 작은 석호 가운데 화진포가 가장 크고(둘레 16km, 평균수심 1.92m, 면적 2.36km²) 원형이 가장 잘 보존된 곳이다.

이처럼 석호는 고즈넉한 호수와 거친 바다가 서로 접하고, 담수와 해수가 섞이고, 민물·바닷물에 사는 생물과 그 중간 정도의 염도에 적응한 기수 생물이 어울리는 곳이다. '노량진'처럼 큰 규모의 민물 나루를 의미하던 진津과, '제물포'처럼 작은 규모의 바닷물 나루를 의미하던 포浦라는 이름에 남은 흔적은 호수와 해수욕장을 모두 즐길 수 있는 화진포의 양면성을 드러낸다.

또한 석호는 육지와 바다의 생태계를 연결하면서 이질적인 생명이 공존하는 습지대를 이룬다. 더불어 그 풍성한 먹잇감을 찾아 멀리 북녘에서 철새들도 많이 날아든다. 호수 주변에 흩어져 있는 고인돌에서 보듯이 선사시대부터 이곳은 천혜의 조건을 갖춘 삶의 터전이었을 뿐만 아니라, 겨울 철새들의 평화로운 보금자

화진포에서 바라본 금구도

리다. 화진포는 생명이 조화롭게 움트는 상생의 터전이고, 화합하되 서로 같지 않은 화이부동和而不同의 공간이다.

화진포의 옛 이름은 다양하게 변해왔는데 고려 말엔 '열산호列山湖'라 불렸다. 열산호는 소나무가 우거진 주변 산들이 호수를 병풍처럼 감싸 안는 모양을 표현한 것이다. 1631년 간성 현감으로 재직하던 택당澤堂 이식李植(1584~1647), 또 다른 설에 따르면 방랑시인 '김삿갓' 김병연金炳淵이 화진포의 다채로운 풍경을 사자성어에 담아 '화진팔경花津八景'으로 표현했다. 그중에서도 제6경 '평사해당平沙海棠'은 봄철 호수 주변에 진홍빛으로 만발하는 해당화를 노래한다. 조개껍질이 부서진 모래여서 밟으면 소리가 나는 명사鳴沙가 깔린 백사장 한쪽엔 진분홍빛 고운 자태로 해풍海風을 감내하는 해당화가 바람에 너울거린다. 개미도 살지 못하는 소금기 머금은 척박한 모래톱에 뿌리내린 화진포의 해당화는 먼바다를 바라보며

꽃을 피워낸다. 봄볕 좋은 날 윤기 나는 이파리를 펼치고 우아하게 흩날리는 해당화 향기는 사람들의 마음을 설레게 한다.

　물론 단체 관광객들은 남북의 초대 지도자들(이승만·이기붕·김일성)의 자취가 남은 별장들이나 전시물 수준의 편차가 심한 박물관들(생태·해양·자연사)과 역사안보전시관을 훑어본 후 바삐 떠나곤 한다. 하지만 시간을 내어 돌아보면 화진포의 역사성이 다시 눈에 들어온다. 이승만의 친필 '북진통일北進統一'은 한반도 분단이 남긴 역사적·정서적 상처에 대해 새삼스레 성찰하게 만든다. 이어서 자유당 정권의 2인자였던 이기붕의 별장에서 그의 최후를 상기하며 한국 사회가 겪은 민주화의 역사를 떠올려 본다.

　어린 김정일이 사진을 찍었던 '화진포의 성' 계단에 앉아 그와 같은 포즈로 사진을 찍고, 전망대로 올라가 동해의 장쾌한 바람을 맞으며 생각했다. 화진포는 철 지난 권력자들의 별장터나 전쟁을 통해 수복한 '전리품'이 아니라, 뭇 생명 모두의 것이다. 화진포는 서로 자유로이 교통하는 생명 모두의 것이어야 한다.

　흔히 화진포 앞에 '동해안 최북단 석호'라는 수식어를 붙이지만, 그것은 어디까지나 군사분계선 이남에 한정된 말이다. '통일전망대'에서 내려다보이는 '삼일포三日浦'는 예부터 이름난 동해의 여덟 명승지인 관동팔경關東八景 중 하나이자, '선녀와 나무꾼' 설화가 전해지는 석호로서 분단 이전엔 고성군의 자랑거리였다. 그렇게 동해안은 하나로 이어져 있다. 상공에서 동해안을 따라 북상한다면 드문드문 박힌 석호들이 반짝이는 푸른 보석들처럼 보일 것이다.

　한편 해수욕장과 접한 화진포 북쪽의 외호外湖는 평상시에는 막혀 있지만, 장마철이나 폭풍이 일 때는 바닷물이 둑을 넘어 급격히 들어온다. 이 현상을 '갯터짐'이라 부르는데, 민물과 바닷물이 만나서 한 몸을 이루는 그 뒤섞임은 화진포의 생명들에게 긴장과 활력을 돌게 만든다. 그걸 보려고 일부러 날씨가 궂은 날에 가

보기는 어렵겠지만, 그 갯터짐의 이미지는 기존 경계선이 한순간에 무너지고 드나드는 유수가 경계 자체를 지워버린다는 점에서 두고두고 인상에 남는다.

민초의 소망이 담긴 철새의 안식처,
송지호

화진포에서 남쪽으로 거진항과 가진항을 지나 죽왕면에 들어서면 송지호가 보인다. 비교적 작은 규모의 이 석호는 호젓이 걷기 좋은 둘레길(6.5km)로 유명하며 전통민속마을인 '왕곡마을' 아래에 있다. 화진포가 '교향곡'이라면 송지호는 '실내악'이라고 할까. 아담하고 소박한 송지호의 물은 맑고 고요하다. 물안개 피어오르는 아침에 둘레길을 걸으면 적막감 속에서 땅에 닿는 자기 발걸음 소리마저 조심스러워진다.

그 지리적 특성상 송지호는 한때 간첩의 대남침투로로 활용되기도 했다. 이제 그런 이야기는 까마득한 '냉전' 시대의 이야기가 아니냐고 웃어넘기고 싶지만, 이쪽 접경지역에서 살아가는 사람들은 아직도 1996년 강릉 잠수함 침투 사건을 생생히 기억한다. 이젠 DMZ 접경지역이 분단으로 인한 역사적 수난과 긴장감을 재생산하는 공간이 아니라, 평화와 상생의 미래를 상상할 수 있는 곳으로 아이들에게 다가갈 수는 없을까 되뇌며 호숫가를 돌았다.

그런데 이 석호는 수렵과 채취로만 살아가던 시대를 지나, 농사를 지어 살아남아야 했던 시대의 사람들에게는 그리 매력적이지 못한 곳이었다. 짭조름한 물은 농업용수나 생활용수로 사용할 수 없는 '쓸모없이 예쁜 풍경'이기 때문이다. 농촌공동체를 이룬 사람들이 바라보는 석호에 대한 이런 이중적인 시각은 화진포와 송지호의 유래에 대한 '설화'에서도 엿볼 수 있다.

송지호

고성의 대사찰이었던 '건봉사乾鳳寺'에서 시주를 받으러 온 스님들에게 골탕만 먹이던 부자 '이화진'의 마을은 통째로 물속에 잠겨 버렸다. 그리고 시주를 했던 그의 며느리는 혼자 살아남았지만, 결국 물가에서 자결하고 말았다. 여기서 호숫물은 인간의 이기심과 탐욕을 일시에 뒤덮어버린 하늘의 '저주'처럼 읽힌다. 가뭄이 들어 걱정이 태산인데 민물도 바닷물도 아닌 애물단지 호수가 농민들에겐 얼마나 야속해 보였을까. 그럴 때는 이 호수의 절경이 차라리 저주스럽지 않았을까 싶은, 옛 민초의 마음을 혼자 헤아렸다.

송지호의 설화에는 가난한 농민들의 욕망이 더 강하게 담겨 있다. 원래 이 지역은 어느 구두쇠 영감의 문전옥답이었는데, 어느 날 늙은 스님이 시주를 매몰차게 거부하는 영감에게 화가 나서 쇠로 된 절구를 던지고 사라졌고, 그 절구에서 물이 솟아 호수가 되었다는 이야기다. 여기선 기득권층의 수탈과 착취에 대한 분노, 그리고 현실 극복의 의지가 노승老僧의 신령스러운 힘에 깃들어 있진 않을까. 먹을 수 없지만 절대 마르지 않는 호수를 보며, 그 호숫물처럼 절구에서 곡식도 펑펑 솟아나면 좋겠다는 괜한 상상까지 해봤을 배고픈 동해안 백성의 마음에 어찌 다가갈까. 송지호 바닥엔 이곳에 뿌리내린 변방 사람들의 희망과 안식을 찾아 쉼 없이 날아온 철새들의 날갯짓이 아스라이 잠겨 있다.

바다 사람의 염원과 소나무,
서낭바위

송지호 옆 도로를 건너면 '송지호해수욕장'이 펼쳐져 있다. 고운 백사장이 죽 왕면 공현진리에서 송암리까지 약 4km로 이어진다. 인근 바다에는 울창한 대나 무 숲이 자라는 죽도竹島라는 섬이 보인다. 얕고 넓은 해수욕장과 거친 바위들, 그 리고 삼국시대 군사기지의 흔적이 남은 대나무 숲이라니. 동해안에선 이질적인 소재들도 무심하게 어우러져 하나의 그림이 된다.

해수욕장 입구 옆으로 난 산책길로 들어가면 납작한 부채가 서 있는 듯 기이 한 위용의 바위가 보인다. '부채 바위'로도 불리는 '서낭바위' 주위로는 온갖 기 암괴석들이 어울려 군무群舞를 추며 방문자들을 환영한다. 역삼각형 부채가 바 다를 응시하는 듯한 서낭바위 위에는 소나무 한 그루가 바짝 허리를 굽히고 위 태롭게 뿌리를 내리고 있다. 개마고원의 양치기로 사라져야 했던 시인 백석白石 (1912~1996)의 어떤 시구처럼 그 소나무는 "가난하고 외롭고 높고 쓸쓸하니"(시 「흰 바람벽이 있어」 중) 바닷바람을 등으로 맞으며 서 있었다.

이 '바위들의 숲'이 주는 신비로움은 이곳이 왜 바닷가 사람들에게 '서낭당'의 역할을 했는지 이해하게 만든다. 바위들의 역동적인 형상에선 일제히 튀어 오르 는 돌고래 무리가 떠오르고, 불그스름한 허리띠를 찬 듯한 무늬들은 샤머니즘적 효과를 강화한다. 석양 무렵 서낭바위를 올려다보면 바위와 나무의 공존이 만들 어내는 기이한 경외감에 눈을 감을 수밖에 없으리라. 이렇듯 자연지리적 조건과 부단히 교감하고 땅과 바다가 나누어주는 것에 의지하며 살아갔던 사람들의 흔적을 함께 상상해보는 것이 인문지리적 탐방의 매력이리라.

서낭바위 주변을 거닐다가 물이 고인 바위 구멍들에 시선이 멈춘다. 평평한 바위 위에 세숫대야처럼 동그랗고 움푹 팬 구멍들은 '마린포트홀(marine pothole)'로 불린다. 바위의 작은 구멍에 들어간 돌멩이가 빠지지 않고 파도가 휩쓸릴 때마다 바위 속을 조금씩 갈아내서 형성된다. 계곡에서는 비교적 흔하지만, 물살이 사나운 바다에서는 좀처럼 보기 힘든 것이라고 한다.

그런데 그 구멍들은 하나같이 동그란 모양일 수밖에 없다. 구멍이 돌멩이를 튕겨내지 않고, 돌멩이는 구멍에서 빠지지 않고 서로를 갈아내며 하나의 원圓을 만들었다. 서로 다른 두 사물이 하나의 흔적으로 소멸하는 그 과정은 결코 각진 모양으로 귀결될 수 없는 것이다. 만약 그것이 하나가 다른 하나를 절멸시키는 과정이었다면, 그 안엔 탐욕만 가득 찼을 뿐 한 방울의 물도 담을 수 없었으리라.

파도가 바위에 남긴 소금의 조화,
능파대

다시 7번 국도를 타고 남쪽으로 내려가면 문암해변 인근에서 '능파대'를 볼 수 있다. 큰 결정結晶으로 이루어진 화강암 바위 표면엔 평평한 곳이 거의 없다. 지질학 용어로 '타포니(tafoni)'라 불리는 크고 작은 구멍들은 기괴하고 그로테스크한 느낌마저 자아낸다. 타포니는 바닷물을 머금은 바위틈의 소금 결정이 점점 커져 바위에 균열을 내며 만들어진다. 작은 구멍들은 옆의 구멍들과 합쳐져서 더 큰 홈을 만들고, 아예 바위의 한 부분을 깨뜨리기도 한다.

천연두天然痘를 앓고 얼굴이 얽은 사람들이 흔했던 시대에 이 바위들은 '곰보

—
능파대

바위'로 불렸다. 소금기에 의한 염풍화鹽風化(salt weathering) 작용, 즉 바위에 사정
없이 내리치는 파도와 조금씩 그 세를 불려 나가는 소금 덩어리에 의해 박리剝離
되어 만들어진 능파대는 흡사 어린아이들이 마구 주무른 찰흙 덩어리처럼 보인다.

　　그리고 더 둘러보자면 기괴하고 비정형적인 바위들의 연속체는 금강산金剛山
'일만이천 봉'을 축소한 것 같기도 하다. 마치 불멸의 조각가가 된 것처럼 소금 결
정과 파도는 바위 모양을 계속 변형시키고 있다. 이 '영속적인 부딪힘'의 과정을
통해 파괴를 통한 창조의 계기가 마련되고, 비생물체마저 유기체적 순환을 거듭
한다. 파도와 바위의 끊임없는 교섭이 만드는 이러한 충돌엔 경계가 없으며, 망설
임이나 거리낌도 없다.

온 생명을 품는 장엄한 일출 맞이,
청간정

꼬리를 무는 상념을 접고 다시 발걸음을 남쪽으로 돌리자 해가 뉘엿뉘엿해졌다. 빼어난 경관을 자랑하는 해안가 명소들이 숱하게 늘어섰지만 동해 일출과 월출이 장엄하게 보인다는 '청간정'에서 오늘의 길을 갈무리한다. 청간정은 관동팔경의 제2경으로서 만경창파萬頃蒼波와 낙락장송落落長松이 어우러지는 경치로 유명한 정자다.

『연려실기술燃藜室記述』은 청간정에 대해 "석봉石峯이 우뚝 솟았는데 층층이 대臺와 같고 높이가 수십 길이나 된다. 위에는 용트림한 소나무 몇 그루가 있다. 대의 동쪽에 만경루가 있으며, 대의 아래쪽에는 돌들이 어지럽게 불쑥불쑥 바다에 꽂혀 있다. 놀란 파도가 함부로 물을 때리니 물방울이 눈처럼 날아 사방에 흩어진다"라고 설명하고 있다.

강원도 유형문화재 제32호인 청간정에 오르면, 기암절벽 위에 세워진 정면 세 칸, 측면 두 칸의 중층 팔작지붕에 가지를 얹은 소나무 향이 그윽하게 뿜어진다. 앞으로는 쉼 없이 밀려오는 파도 소리가 하얀 물거품을 만들다 안개처럼 사라져가는 황홀한 풍경이 보이고, 뒤로는 설악산雪嶽山 골짜기에서 내려와 바다로 흘러

청간정 편액

가는 청간천 양옆으로 길쭉한 농경지가 보인다. '청간'이라는 이름은 정자가 바위 사이로 흐르는 개천과 접해 있다고 하여 지어졌다.

송강松江 정철鄭澈(1536~1593)의 「관동별곡關東別曲」에도 등장하는 이곳은 숱한 시인 묵객의 발길이 끊이지 않던 곳이다. 그중에서도 유명한 것은 겸재謙齋 정선鄭敾(1676~1759)과 단원檀園 김홍도金弘道(1745~?)라는 조선 시대의 걸출한 두 화가의 작품이다. 1738년 환갑을 넘긴 나이의 정선은 5년 전 둘러본 관동지방의 명승지를 「관동명승첩關東名勝帖」 열한 폭에 재현하면서 '청간정'에서의 추억을 그렸다. 그 그림에는 우뚝 솟은 촛대바위 꼭대기에 당시 청하 현감으로 재직하던 겸재와 삼척 부사이자 겸재의 친구였던 사천槎川 이병연李秉淵의 모습이 오늘날의 여행 사진처럼 담겨 있다. 절벽 위 소나무 아래에서 풍류를 즐기던 그들의 정서와 요동치는 동해의 힘찬 기운이 잘 전해진다.

정선이 시도한 진경산수화眞景山水畵는 조선 성리학의 발전을 이념적 기반에 두고 중국의 화풍을 따르지 않고 우리 산천의 아름다움을 독자적으로 표현하는 화풍이었다. 여기서 진경眞景이란 실경實景을 사진 찍듯이 그대로 옮기려고 하거나 실제 존재하는 대상의 겉모습을 묘사한 것이 아니라, 그 형상이 담고 있는 본질과 정신까지 표현하려고 하는 것을 뜻한다. 50년 후, 풍속화로 유명한 김홍도도 60폭에 이르는 「금강산화첩金剛山畵帖」에 청간정을 넣었다. 1788년 가을, 단원은 정조正祖(1752~1800)의 어명으로 금강산과 관동팔경 지역을 사생寫生하기 위해 동료 화원 김응환金應煥과 함께 한양漢陽을 떠난다.

금강산까지 직접 유람하고 싶은 마음이 간절하지만, 국사가 바쁜 군왕을 위해 그는 영동嶺東 아홉 개의 군을 거쳐 내금강內金剛과 외금강外金剛을 돌아보고 다시 한양으로 돌아오는 긴 여정을 소화했다. 대관령을 거쳐 강릉에 도착한 단원은 삼척을 거쳐 울진까지 내려갔다가 다시 동해안을 따라 북상하며 양양, 설악산, 고성, 통천, 안변, 철령, 회양, 금강산에 당도하기까지 각 지역 명승지를 진경산수화

청간정에서 바라본 동해바다

기법으로 그렸다. 물론 겸재와 단원이 남긴 당시의 청간정은 현재와 위치가 다르지만, 오늘날의 토성면인 간성杆城의 청간정은 어느 나그네에게나 빼어난 경치와 편안한 쉼터를 제공하는 곳이었다.

이처럼 백두대간白頭大幹의 우람한 근육질 지형이 깊고 푸른 동해와 만나는 곳에선 긴 '해파랑길'이 만들어졌고, 그 길은 수많은 생명을 품어 안았다. 저녁이 되자 청간정 남쪽의 속초시에는 화려한 불빛이 빛난다. 그와 대비되는 접경지역 고성의 조용한 마을에는 따뜻한 불빛들이 하나둘 켜진다. 어서 오라고 손짓하는 그 불빛들을 보니 저녁 시장기가 돈다. 아스라이 멀어지는 파도 소리를 들으며 청간정을 내려가니 발걸음이 고요하다.

송지호해수욕장 주변
'서낭바위'와 '복어바위'

송지호해수욕장 입구에서 등대 옆 해안가로 내려가면 기묘하게 생긴 바위 두 개가 시선을 끈다. 부러질 듯 잘록한 목 받침 위에 서 있는 넓적한 바위가 바로 '서낭바위'다. 바위 꼭대기 좁은 절리 위엔 뿌리를 내린 가녀린 소나무가 소금기 가득한 바람에 쉼 없이 흔들린다. 서낭바위는 동해를 굽어보는 사람의 옆얼굴처럼 보이기도 하고 미국의 유명한 만화 캐릭터 '스누피' 머리도 떠오른다. 그런데 위태롭게 보이는 바위 위에 세찬 바람을 등지고 선 소나무 한 그루가 버티고 있으니 정말 설상가상雪上加霜의 형세다. 하지만 그 두 배의 위태로움이 역설적으로 담대한 기상을 뿜어내고 신령한 경외감을 전달한다. 수백 수천 세대를 이어 이곳을 찾은 사람들에게 서낭바위는 깎이고 마모될지언정 결코 꺾이거나 부러지지 않을 기운을 북돋워 주었을 것이다. 지금도 오호리 주민들은 매년 정월 이곳에서 바다의 많은 수확과 어부들의 안전을 비는 '풍어제'를 지낸다.

그 옆에 서 있는 다른 바위는 바

서낭바위

복어바위

닷물을 잔뜩 머금고 가시를 세운 작은 복어를 연상시키는 '복어바위'다. 해안을 등지고 서서 사람들에게 입을 뻐끔 벌리고 있는 것 같다. 누구나 그 앞에 서면 뻥 뚫린 구멍을 통해 복어뱃속을 들여다본다. 복어뱃속에선 웅웅거리는 깊은 바닷소리가 금방이라도 들려올 듯하고, 소금기 가득한 바닷물 내음도 흘러나올 것만 같다. 해안가의 두꺼운 주변 암반은 무진장한 세월 동안 끊임없이 엄습하는 파도에 의해 모두 침식되고 서낭바위와 복어바위만이 남아서 장엄한 지질의 시간을 증명한다.

넘실대는 파랑波浪이 조각한 바위 두 개가 평범한 바닷가를 미술관으로 만드는 듯하다. 바위 주변을 한 바퀴 돌며 멀리서 올려다보고 또 가까이 다가가 바위를 어루만져 보자. 지질학적 시간에 비하자면 찰나의 시간을 지구 표면에 머물다 가는 인간에게 이 해안전시장은 대지의 노래를 들려주리라.

03

동쪽 끝 바닷가에서 만나는
인류의 발자취

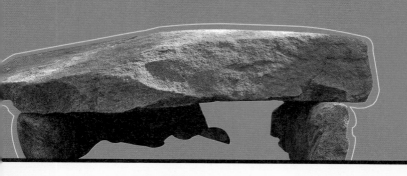

| 문암리 선사유적 – 반암해변 – 화포리 고인돌 – 죽정
리 고인돌

신석기 시대 밭의 흔적, 문암리 선사유적
거대한 고인돌의 흔적, 반암해변과 반암마을
버려진 과거, 화포리와 죽정리의 고인돌들

_____ 강원도 고성군 민통선 안에는 DMZ박물관이 있다. DMZ박물관은 DMZ가 탄생했던 1953년 정전협정서부터 냉전의 유산과 DMZ의 생태환경, 그리고 통일과 평화에 대한 염원을 차례로 전시하고 있다. 그 가운데 '그러나 DMZ는 살아있다' 섹션에는 DMZ에 동서로 퍼져 있는 선사유적의 분포도가 이색적으로 배치되어 있다. DMZ에 선사유적이라니?

_____ 선사시대先史時代는 말 그대로 역사[史]로 기록되기 이전[先] 시대를 말한다. 대체로 선사시대는 문자가 등장했던 청동기 시대 후반 혹은 철기 시대 이전을 통틀어 가리키는 말로 쓰인다. 석기, 청동기, 철기가 도구의 소재와 종류에 따른 구분이라면 선사는 문자와 기록의 유무가 기준이다. 그래서 어디는 초기 청동기 시대 이전이 되기도 하고 어디는 철기 이전이 되기도 한다.

_____ 한반도의 경우 선사시대는 대체로 청동기 시대에 세워진 고조선 이전까지를 말한다. 그러므로 선사시대의 유물·유적이란 기원전 70만 년 전의 구석기로부터 고인돌로 표상되는 청동기의 그것들을 아울러 말하는 것이다.

_____ 이 땅에서의 삶은 이렇게도 오래전부터 시작되었지만 사실 선사시대의 유물·유적이라 하면 중기 구석기 시대의 것으로 알려진 연천의 전곡리 유적이나, 가장 오래된 유적으로 알려진 단양의 금굴, 공주의 석장리 정도만 널리 알려져 있다. 고인돌도 한국에만 약 4만 개가 있지만, 사람들의 발길이 그나마 찾는 곳은 유네스코가 세계문화유산으로 지정한 고창·화순·강화의 고인돌 유적 정도다. 물론 이들은 한국의 선사 문화를 대표하는 대단한 가치를 가진 유적들이지만 DMZ 지역, 아니 한반도 전역에 퍼져 있는 다른 유적과 고인돌 역시 그대로 버려져 있어서는 안 될 곳들임도 분명하다.

신석기 시대 밭의 흔적,
문암리 선사유적

고성군 죽왕면 문암리의 선사유적을 처음 발견한 것은 1997년의 일이다. 1998~1999년에 걸친 1차 조사에서 신석기 시대 유적으로 확인되었다. 그러나 제일 위층에서 발견된 것이 가장 최근일 수밖에 없는 선사시대 유적의 특성상, 발굴이 이어질수록 추정 연대는 거슬러 올라갈 수밖에 없다. 2012년에 마친 3차 발굴조사 결과, 문암리 선사유적은 우리나라에서 가장 오래된 신석기 유적으로 알려진 양양 오산리 유적(기원전 6,000~기원전 3,000년 추정)과 비슷한 연대의 것으로 밝혀졌다.

하지만 오산리 유적만큼 오랜 문암리 유적을 더 특별하게 만드는 것은 다름 아닌 이곳에 '밭'이 존재했다는 '흔적'이다. 물론 문암리 유적이 고성의 선사시대 유적 중 가장 오래된 곳은 아니다. 고성에는 구석기 때부터 사람들이 살았던 흔적들이 남아있다. 다른 곳에 비해 잘 알려지지는 않았지만 봉평리, 원당리 유적에서는 구석기 유물 10~20여 점이 발굴되어 고성에서 사람들이 처음 살았던 때를 수만 년 전으로 끌어올린다.

그런데 안타깝게도 발굴된 유물이 너무 적고 특이점이 없어서 크게 조명되지는 못하였다. 이외에도 초도리, 죽정리, 백촌리, 용암리, 청간리 등에서도 이런저런 것들이 발견되었지만, 비슷한 이유로 구체적인 발굴조사로까지 이어지지는 않았다. 문암리 유적은 문암리 해변으로부터 약 400m, 그러니까 걸어서 5분 정도 거리에 있는 구릉지에 있다. 남쪽을 보고 있어 해도 잘 들고 야트막하면서도 넓어서 척 보기에도 모여 살기 좋겠구나 싶다.

당시 발굴조사보고서에 따르면 다섯 개의 유물포함층, 세 개의 신석기 문화층이 발견되었다고 한다. 말하자면 다섯 시대에 걸쳐 주거지로 활용되었고, 그 중

문암리 유적 안내판

세 시대는 신석기에 속한다는 것이다. 기원전 6,000년 전이면 지금으로부터 거의 8,000년 전이다. 단군신화가 5,000년 전을 시작으로 삼으니 그보다 3,000여 년 이나 오래전이다.

과연 이렇게 오래전에 밭을 만들었다는 것이 사실일까? 처음에는 문암리에서 발견된 밭이 과연 밭이라 할 수 있는가의 문제 제기가 있었지만, 인위적으로 만들어진 이랑과 고랑의 형태가 분명하고 재배한 작물의 뿌리와 종자가 발견되는 등, 점차 '밭'이라고 보는 시각이 대체로 인정되기 시작했다.

문제는 시기였다. 이에 대해서는 아직도 학계에서 논의가 이어지고 있다. 만일 신석기 중기로 추정하는 연구들이 사실로 입증된다면, 이곳은 우리나라의 유일한 신석기 농경 유적으로 인정받게 될 것이다.

지금 문암리 유적지는 세 번에 걸친 발굴조사를 마치고 보존을 위해 이를 다시 덮었다. 그래서 현재는 그 모습을 볼 수 없지만, 토기나 귀걸이 등 이곳에서 발굴된 유물들 일부는 국립춘천박물관 상설전시관에서 전시하고 있으니 그나마 다행이다.

거대한 고인돌의 흔적,
반암해변과 반암마을

문암리 선사유적에서 차를 타고 7번 국도를 따라 북쪽으로 약 25분을 올라가면, 우리의 다음 여행지인 반암해변에 도착한다. 반암해변의 이름은 근처 마을 이름인 '반암리盤岩里'로부터 따왔다. 반암리라는 명칭을 쓰는 곳은 우리나라에 세 군데가 있다. 강원도 고성군 거진읍의 반암리와 전라북도 고창군 아산면의 반암리의 경우에는 한자가 같고, 충청남도 논산시 양촌면 반암리半岩里의 경우에는 한 글자가 다르다.

'반암盤岩'이라는 이름은 '반바우' 혹은 '밤바우'를 한자로 옮긴 것인데, 넓적하고 평평하여 소반小盤 즉, 작은 밥상같이 생긴 바위를 가리킨다. 혹은 누군가 수평 절반으로 잘라놓은 것처럼 단면이 평평한 바위를 말하기도 한다. 바위는 대개 둥글거나 각진 덩어리 모양이니 널빤지처럼 생긴 큰 바위가 있다면 그 지역을 가리키는 이름으로 쓰일 만할 것이다.

깊은 계곡에 작고 맑은 못이 있으면 선녀가 목욕하던 곳이라는 설화가 전해지는 것처럼, 반바우나 밤바우가 있다는 곳에서는 대략 비슷한 이야기가 자연스럽게 전해진다. 그래서인지 세 마을 이름의 유래도 비슷한데, 이곳 고성군 반암리의 '반바우'에 대해서는 두 가지 이야기가 전해지고 있다.

바닷가에 접해 있는 작은 어촌인 반암리와 근처 바다에는 넓고 평평한 반석들이 유달리 많이 있었는데, '반암'이라는 이름이 바로 여기서 유래되었다는 설이다. 또 다른 이야기는 마을 뒤에 100명은 족히 앉을 수 있는 넓은 바위가 있었다는 것이다. '100명은 족히 앉을 수 있는 바위', 귀가 번쩍 뜨인다. 이렇게 크고 평평한 바위가 있다면, 혹시 고성군에서 발견된 것 중 가장 큰 화포리 고인돌보다도 더 거대한 고인돌의 상판이 아니었을까? 그런 생각이 스쳤다.

반암해변

하지만 아쉽게도 '거대한 반바우'의 위치는 확인되지 않고 있다. 고인돌의 흔적은 비단 '반암리'라는 이름으로만 전해지고 있는 것이 아니라 마을 이름을 통해서도 유추할 수 있다. 마을 이름이 '지석리'라면 고인돌의 한자식 이름인 '지석묘'로부터 유래되었을 가능성이 크다. 양구군 동면의 지석리支石里처럼 말이다.

버려진 과거,
화포리와 죽정리의 고인돌들

청동기 시대를 대표하는 것은 고인돌이다. 고인돌은 우리나라 전역에 걸쳐 퍼져 있고, 그 수도 매우 많다. 전 세계 고인돌의 절반이 우리나라에 있다고도 할 만큼 많지만, 우리나라에서 가장 유명한 것은 아마도 강화도 자연사박물관 앞에 있는 것이 아닐까 싶다. 마치 고인돌의 표상表象 같은 모양에 거대한 크기까지 갖추고 있는 그것을 보자면, '과연 그 당시 사람의 힘만으로 가능했을까?' 하는 생각이 든다. 그러나 고인돌들이 모두 그렇게 엄청나게 큰 것은 아니다.

고성에서 발견된 고인돌 중 가장 유명한 것으로 아름다운 석호 화진포 옆 화진포콘도 진입로의 멋진 소나무밭 가운데에 있는 '화포리 고인돌'을 꼽을 수 있다. 화포리 고인돌 옆 현판에 따르면, 화포리 고인돌을 '북방식北方式', '탁자식卓子式'으로 분류하고 있다. 하지만 상석上石이 무덤 두께 역할까지 한 '개석식蓋石式'으로 보아야 한다는 주장도 있을 만큼, 다양한 견해가 존재한다.

탁자식이라고 하기에는 지상고地上高, 즉 땅의 높이가 50cm 정도로 너무 낮고, 무덤방 주변의 받침돌들이 함께 드러나 있는 것들로 보아 지하의 무덤방을 덮어둔 모래가 없어지면서 드러난 것이 아닌가 추정하기 때문이다. 이에 반해 주변의 고인돌 형식에 비추어보거나 받침돌의 두께 상태로 보았을 때는 역시 '탁자식'

으로 봐야 한다는 주장도 있다.

이렇게 여러 의견이 제기되는 것은 매우 중요한 일이다. 이런 과정을 통해 비로소 그것의 '진가眞價'가 드러나기 때문이다. 저 화포리 고인돌에 붙어 있는 설명 중 하나인 '북방식'도 그러하다. 그런데 사실 '북방식'이니 '남방식'이니 하는 명명은 일본 학자들이 한반도의 고인돌을 지역에 따라 나누던 방식에서 왔다. 대체로 북방식은 탁자식을, 남방식은 개석식을 가리켰는데, 일본식 분류는 더는 적합하지 않다는 것이 학계의 정설이다. 북한 지역은 물론 중국 랴오닝성 등지에서도 개석식 고인돌이 보고되고 있는 터라 '북방식=탁자식', '남방식=개석식' 공식도 이제는 성립하지 않기 때문이다.

고인돌 이름을 고쳐 불러야 한다는 주장은 단순히 반일 감정에서 기인한 것이 아니다. 고인돌의 축조방식은 시대와 문화의 공유지대를 구분할 수 있는 중요한 분기가 될 수 있다. 게다가 이름은 그것을 대표하여 부르는 것이니만큼 이름을 붙일 때는 그것의 본질적이고 핵심적인 면이 드러날 수 있어야 한다.

북방식이니 남방식이니 하는 명칭은 자칫 청동기 시대로부터 마치 남과 북이 서로 다른 문화권을 형성한 것처럼 오해하게 할 수 있다. 마치 한반도가 하나의 반도가 아닌 것처럼 찢어내리려는 저의가 우리 안에 비집고 들어와 굳어질 수도 있기 때문이다. 그런데 명칭만큼 중요하고 시급한 문제가 또 있다. 방기放棄다.

고성의 3대 석호의 하나이자 가장 큰 석호인 화진포 부근에만 40여 기의 고인돌이 보고되었다. 죽정리와 화포리의 고인돌들은 화진포를 둘러싸고 흩어져 있었다. '이승만별장' 혹은 '화진포 역사안보전시관' 뒤로 난 길옆에서도 그들 중에 두 기를 발견할 수 있다. 하지만 그것을 찾기는 쉽지 않다. 도롯가에 아무런 표시도 없이 숲속에 존재하고 있기 때문이다.

이곳의 고인돌은 이끼가 잔뜩 긴 채로 4분의 1 정도가 흙으로 덮여 있었다. 하지만 아래의 받침돌은 그것이 예사 돌이 아님을, 청동기 시대 사람들이 일부러 만들어 둔 고인돌임을 증명하고 있다. 두 기의 고인돌 모두 상판의 크기는 화포리 고인돌의 3분의 2 정도 혹은 2분의 1 정도다. 규모도 그렇고 위치도 그렇고, 아무래도 화포리 고인돌만큼 주목받기 어려웠을 것으로 보인다.

그러나 화포리 고인돌을 볼 때와는 또 다른 느낌이 들었다. 특히 안내판까지 있던 화포리 고인돌과 달리 숨어 있는 듯한 녀석들을 마침내 찾아냈을 때의 그 기분은 마치 나에게서 발견되기를 기다리고 있었던 인류의 발자취처럼 느껴졌다.

하지만 아쉽게도 다른 고인돌 모두를 찾기는 어려웠다. 화진포에만 40여 기, 고성군 전체로 치면 민통선 안을 제외하고도 50기가 산재한다고 하는데, 어떤 것은 포장도로 끝에 있기도 하고 심지어 가정집 화단에 있기도 했다. 상대적으로 규모도 작고 초라해 보이기도 하다.

어쩌면 고인돌을 찾아다니는 것은 고고학자들의 몫이라고만 생각될지도 모르겠다. 그러나 지금은 사라져버린 '반암'처럼, 우리의 무관심과 무책임 속에서 수

많은 유물과 유적이 사라졌다. 그나마 이들은 '작고 초라한 덕'에 남아있는지도 모를 만큼 말이다. 지금이라도 이들에 대한 관심과 책임 있는 관리가 필요하다. 말하자면 이들은 '멸종위기 유물유적'이라고 해도 과언이 아닐 것이기 때문이다.

고성의 고인돌들─화포리 고인돌

화포리의 고인돌은 모두 22기로 화포리 여기저기에 퍼져 있다. 화포리 마을 뒤편 구릉지 정상에는 4기의 고인돌이 있다. 화포리 노인복지회관 오거리에서 북쪽 길을 따라 화진포 소나무산림욕장으로 가는 길의 왼쪽에도 1기가 있다.

7번 국도에서 빠져나와 화진포 남동쪽을 감아 도는 '찻골길'을 따라가다 보면 12기의 고인돌을 만날 수 있다. 이곳에 청동기 시대 밀집 거주지역이 있었을 것

화포리의 고인돌

으로 추측된다. 22기의 고인돌 중 가장 유명한 것은 화진포콘도 입구에 있는 8호 고인돌이다. 원래는 장평리에 있어서 '장평리 고인돌'이라고 불렀지만, 행정구역 이 화포리로 바뀌면서 화포리 고인돌에 속하게 되었다.

화진포콘도 앞 고인돌은 가로 260cm, 세로 220cm, 두께 40cm이다. 덮개돌 은 오각형 모양이다. 북쪽 벽을 제외한 세 개 벽 고임돌은 그대로 남아있다. 무덤 방은 190×113cm이다. 2000년에 확인된 고인돌 12기 중 덮개돌이 가장 큰 것 은 가로 420cm, 세로 190cm, 높이 80cm였다. 가장 작은 것은 가로 130cm, 세 로 90cm, 높이 30cm였다.

고성의 고인돌들—죽정리 고인돌

죽정리 고인돌은 모두 약 20여 기로 이 중 덮개돌의 크기가 가장 큰 것의 길이는 길이가 411cm에 달한다. 죽정리 고인돌 중 가장 찾기 쉬운 것은 이승만별장 뒤 편으로 난 아스팔트 길 양편 구릉에 있는 2기다. 이승만별장에서 아스팔트 길을 따라 화진포 서쪽 구릉을 감아 돌아 올라가다 보면 우측으로 굽은 길목 구릉에 있다. 양쪽에 각각 1기씩 고인돌이 있다.

하나의 덮개돌은 가로 200cm, 세로 140cm, 높이 30~60cm이다. 다른 하나 는 가로 210cm, 세로 120cm, 높이 12~30cm로 크지 않다. 풀숲에 숨겨져 있지 만, 돌의 크기가 일반 바위들보다는 커서 쉽게 찾을 수 있다.

죽정교차로와 화진포 사이 구릉지에도 소형 고인돌 4기가 있다. 여기서 약 100m 거리의 화진포 호숫가에도 십수 기가 모여 있다. 죽정리 고인돌은 크기가 크지 않다. 하지만 가까운 거리에 모여 있어 청동기 시대에 이곳이 밀집지역이 아 니었을까 짐작해볼 수 있다.

04

건봉사 가는 길,
국난 속에서
중생과 함께 한 해탈의 길

｜ 숭모공원 – 육송정 홍교 – 건봉사 사명당 의승병 기념
관 – 건봉사 불이문 – 건봉사 적멸보궁 – 건봉사 진신사
리탑 – 건봉사 영월교 – 건봉사 능파교 – 건봉사 대웅전
– 건봉사 만일염불원 – 건봉사 명부전 – 건봉사 등공대

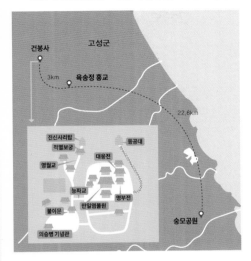

숭모공원, 고성군에서 만나는 항일의 기억

육송정 홍교, 피안의 세계로 가는 다리

사명당 의승병 기념관, 도탄 속 민초들의 희망

불이문, 해탈의 길로 들어가는 문

적멸보궁, 인과의 사슬을 끊어내는 곳

진신사리탑, 적멸을 설하는 부처의 현신

영월교, 일제의 침탈과 훼손의 현장

능파교, 세파를 헤치고 해탈의 세계로 건너간다

대웅전·만일염불원·명부전, 중생의 구제 해탈의 길

등공대, 열반에 든 자들과 중생을 위해 남은 자들의 이야기

踏雪野中去(답설야중거) 눈 덮인 들판을 걸어갈 때는
不須胡亂行(불수호란행) 어지러이 걷지 말라
今日我行跡(금일아행적) 오늘 나의 발자국은
遂作後人程(수작후인정) 뒷사람들의 이정표가 되리라

서산대사의 시 「야설野雪」이다. 이 한시는 이양연李亮淵이 지었다는 설이 유력하지만, 훗날 김구가 남북 분단을 막기 위해 38선을 넘으며 읊었다고 알려져 더욱 유명해졌다. 김구도, 서산대사도 이웃 나라 일본의 침략에 맞서 싸운 사람들이다. 이들은 이 땅에 사는 우리들의 삶을 위해 싸웠다. 분단이 동족상잔의 '참화慘禍'를 불러올 것이라고 걱정했던 김구는 분단을 이용해 지배자가 되고 싶었던 자들을 향해 '어지러이 걷지 말라'는 말로 꾸짖고자 했다. 지금 그들은 없지만 그들의 정신은 동쪽 끝 고성에 여전히 남아있다.

숭모공원,
고성군에서 만나는 항일의 기억

김구라는 이름은 '항일'을 대표하는 이름이다. 전국 곳곳이 그렇지만 고성에도 항일의 기억이 있다. '숭모공원'은 일제에 맞서 싸웠던 이들을 기린 곳이다. 매우 단출하게 꾸며진 숭모공원에는 '3·1애국지사 구국충정 숭모비'와 기미독립선언서가 새겨진 비가 있다. 특히 이 공원은 3·1운동 직후 결성된 대한독립애국단의 강원도단 단원들을 기리는 숭모의 공간이다. 대한독립애국단 강원도단은 강원도 철원군에서 가장 먼저 만들어졌기 때문에 철원읍 화지리에 가면 이들을 기리는 '철원애국선열추모비'가 있다. 이들은 기본적으로 상해임시정부의 선전문 게재, 비밀문서 전달 및 자금 조달과 군중 집회 등과 같은 국내 조직 활동을 수행했다. 하지

3·1애국지사 구국충정 숭모비

만 결성 1년 만에 일본 경찰에 발각되어 해산당하고 말았다.

고성은 3·1운동 이후 동해안 지역에서는 가장 먼저 만세운동을 계승한 지역이다. 1919년 3월 17일, 간성보통학교 전교생 150여 명은 학교 운동장에 모여 대한독립 만세를 외쳤다. 비록 간성읍 시장의 군중들과 합세하고자 한 계획은 일본 경찰에 의해 저지되었지만, 학생들의 만세운동은 열흘 후 3월 27일 간성, 거진, 현내 등지로 퍼져나가는 시발점이 되었다. 하지만 고성에서 항일의 기억을 담고 있는 장소를 꼽으라면, 무엇보다 먼저 건봉사乾鳳寺를 들 수밖에 없다. '숭모공원'에서 '건봉사'로 가는 길에 먼저 만나는 곳은 '육송정 홍교六松亭虹橋'다.

육송정 홍교,
피안의 세계로 가는 다리

'홍교虹橋'는, '무지개 홍虹'이라는 글자가 보여주듯이 무지개 또는 공중에 떠 있는 구름과 같다는 의미에서 무지개다리, 또는 '운교雲橋', 즉 구름다리라고 부르기도 한다. 그렇기에 '홍교'라는 이름은 부처를 모신 성스러운 세계를 세속과 구별하고, '불전佛殿'을 이상화하는 불교적 이미지 또는 신선의 세계에 대한 동경을 담고 있는 도교적 이미지를 보여준다. 특히, '청운青雲', '백운白雲', '삼청三淸', '능파凌波' 등은 도교적 색채가 강한 이름이며, '피안彼岸', '연화蓮花', '칠보七寶' 등은 불교와 직접적으로 관련된 이름으로 불교와 도교의 결합을 의미한다. 대표적으로 경주 불국사의 청운교와 백운교, 칠보교와 연화교가 있다.

건봉사는 1990년대 초까지만 하더라도 민통선 안에 있어서 일반인은 갈 수 없었고, 이로 인해 그 의미가 오랫동안 잊힌 곳이기도 했다. 심지어 1971년에는 설악산에 있는 대한불교조계종 제3교구 본사인 신흥사神興寺의 말사末寺가 되기도 했다. 그러나 건봉사는 520년(신라 법흥왕 7년) 아도화상阿道和尙이 '원각사圓覺寺'라는 이름으로 창건한 이후 조선 시대에는 왕족들이 믿는 '원당願堂'으로, 그 규모가 3천 칸이 넘는 전국 31대 본산本山 중 하나로 이름을 떨쳤다. 지금의 건봉사는 1878년 산불과 한국전쟁으로 인해 파괴되었다가 1994년부터 복원된 것이다.

사명당 의승병 기념관,
도탄 속 민초들의 희망

건봉사에 도착해 입구로 들어가기 전, 먼저 마주치는 것은 왼편의 '사명당 의승병 기념관'이다. 조선 중기인 1592년, 일본은 20만이 넘는 군사를 이끌고 조선을 침략해 파죽지세로 한양을 향해 밀고 올라왔다. 하지만 선조와 사대부들은 백성들을 내려둔 채 의주로 도망쳤다. 이때, 도탄에 빠진 백성을 구하기 위해 승려들을 불러 모은 사람이 서산대사였다. 사명당은 바로 그의 제자다. 임진왜란 발발

당시, 사명당과 나이 많은 스승 서산대사는 함께 왜적에 맞서 싸웠고 평양을 탈환한 이후, 한양에서도 왜군을 물리쳤다.

의승병 기념관 안에는 사명대사四溟大師와 서산대사의 초상이 있으며, 건봉사에서 승병을 일으키는 과정을 그래픽으로 재현한 영상과 무기, 책자 등도 있다. 하지만 많은 영웅 서사에 등장하는

사명당 의승병 기념관

서산대사와 사명당에 얽힌 이야기에는 '신화적 요소'가 스며들어 있다. 수탈자인 일본제국주의에 대한 민중들의 분노는 증오로 불타올랐고, 도탄에 빠진 민초는 두 선사에 대한 역사적 기억으로부터 희망을 발견하고자 했다. 그렇기에 그들은 신묘한 법력을 부리는 신선과 같은 존재로 변주되었다. 특히, 사명당은 왜군들의 간악한 모략을 각종의 요술로 제압하고, 포로로 끌려갔던 3,000여 명의 백성들을 데리고 귀국하는 주인공이 되었다.

불이문, 해탈의 길로 들어가는 문

사명당 의승병 기념관을 뒤로하고 건봉사 입구로 향하면 제일 먼저 마주하는 것이 '불이문'이다. 건봉사의 불이문은 1단의 기단 위에 원통형 돌기둥을 세운 네 개의 나무 기둥 위에 팔작지붕을 얹었다. 불이문은 홍교가 속세를 떠나 부처의 세계로 들어가는 다리이듯이 해탈로 들어가는 문이다. 생과 사, 만남과 이별, 부처와 중생, 현상과 진리의 세계가 둘이 아니다. '불이不二', 즉 '둘이 아님'이라는 깨달음은 세속의 원망과 번뇌에서 벗어나 해탈의 길을 연다. 그래서 불이문은 '해탈문解脫門'이기도 하다.

지붕의 네 모퉁이에는 용의 머리 모양 조각인 '용두龍頭'가 있고, 처마 밑에는 조선의 마지막 왕세자 영친왕의 스승인 해강海岡 김규진金圭鎭이 쓴 '불이문'이라는 현판이 걸려 있다. 그런데 이곳의 일주문이 독특한 것은 사찰 대부분이 일주문 다음에 불법을 수호하는 4대 천왕을 모신 '천왕문天王門'을 두는데, 이곳에는 그게 없다는 점이다. 자세히 보면, 불이문의 돌기둥에는 90cm 크기의 '금강저金剛杵'가 음각으로 새겨져 있다. 이것이 4대 천왕을 대신해 사찰을 지키고 있는 것이다.

불이문

적멸보궁,
인과의 사슬을 끊어내는 곳

해탈은 우리의 몸과 마음에 고뇌와 속박을 일으키는 번뇌에서 벗어나는 것, 또는 벗어난 상태를 말한다. 해탈의 정점에 선 존재가 바로 '석가모니釋迦牟尼'이다. 산스크리트어 '샤카(Sākya; शाक्य)'의 음차인 '석가釋迦'는 '세존', '석존', '불', '여래' 등으로도 불린다. 모두 깨달음을 얻어 해탈한 존재를 칭하며 본명은 '싯다르타 고타마'이다. 그래서 절 중에서도 석가의 진신사리眞身舍利를 모신 사찰은 자부심이 대단히 높다.

건봉사에도 석가의 진신사리를 모신 곳이 있다. 이곳이 '적멸보궁寂滅寶宮'이다. 건봉사의 불이문을 지나 좌측의 '범종각梵鍾閣'을 보고 작은 시냇물을 따라 올라가다 보면 그 정점에 적멸보궁이 있다. 그런데 적멸보궁에 들어서면 당연히 있어야 할 불상佛像이 없다. 대신에 벽면에 설치된 유리를 통해 뒤편의 진신사리탑을 볼 수 있게 해 놓았다. 따라서 금강저가 4대 천왕을 대신하듯이 이곳에서는 석가의 진신사리가 불상을 대신하고 있다.

사리舍利는 원래 산스크리트어로 시신(Śarīra; शरीर)을 가리키던 말이었다. 하지만 북방불교에서 사리는 참된 수행의 결과로 다비 즉, 시체를 화장火葬한 이후 나온 구슬 모양의 유골인 '영골靈骨', '영주靈珠'로 신성화되었다. 사리 중에서 석가의 사리를 '진신사리眞身舍利'라 하고, 불경佛經을 '법사리法舍利', 고승의 사리를 '승사리僧舍利'라 하며, 승사리를 봉안하는 곳을 '부도浮屠'라고 한다. 대체로 많은 고찰에는 승사리를 봉안한 '부도'가 있다. 하지만 '진신사리'를 봉안한 사찰은 그리 많지 않다.

우리나라에는 643년, 신라의 승려 자장대사慈藏大師가 당나라에서 귀국할 때 가져온 부처의 사리와 정골頂骨을 나누어 봉안했다는 5대 적멸보궁이 있다. 경남

건봉사 적멸보궁으로 가는 길

양산 통도사通度寺, 강원도 오대산 상원사上院寺, 설악산 봉정암鳳頂庵, 태백산 정암
사淨巖寺, 사자산 법흥사法興寺가 바로 그들이다. 하지만 '적멸보궁'은 이들 사찰에
만 있는 것이 아니다. 우리나라만 하더라도 곳곳에 적멸보궁이 있으며 해가 갈수
록 그 숫자가 늘어나고 있다.

물론 석가모니의 열반 뒤 나온 사리가 '8곡 4두八斛四斗'로, 8개국에 나누어 봉
안했으며 아소카왕阿育王 때는 8만 4,000개의 불사리탑佛舍利塔을 건립했다고 한
다. 하지만 아무리 그렇다고 해도 전 세계 곳곳에 봉안된 진신사리를 다 합치면
그 몸이 몇 개라도 모자라니 이 모든 것이 다 깨달음을 얻어 해탈하고자 하는 불
자들의 믿음이 만들어낸 것이라고 할 수 있다. 그런데도 이를 일방적으로 신봉해
사리의 양으로 덕의 높고 낮음과 수양의 정도를 판단하는 것은 또 다른 집착으
로, 석가모니의 가르침을 위배하는 것이라고 할 수 있다.

진신사리탑,
적멸을 설하는 부처의 현신

    이유야 어찌 되었든 적멸보궁은 언덕 모양으로 계율戒律을 설파하는 단을 쌓고 거기에 '불사리佛舍利'를 봉안한 것이다. 하지만 이것을 '적멸보궁'이라 칭한 것은 부처가 항상 '적멸寂滅'의 법을 법계에 설파하고 있다는 의미를 드러내기 위한 것이다. 적멸은 말 그대로, 모든 것을 '멸滅'해서 '고요寂'해진 상태를 말한다. 여기서 멸해야 할 것은 모든 번뇌의 원인이 되는 인과因果의 사슬이다. 이렇게 인과의 사슬을 끊어내면 우리는 생사生死의 괴로움에서 벗어나 자유로운 상태, 즉, 모든 번뇌를 말끔히 지워버린 상태에 이르게 된다.

—
부처님의 치아 사리를 모신 건봉사 진신사리탑

    적멸보궁은 불상을 대신하여 직접 현신現身한 부처의 육신이 이와 같은 '가르침戒'을 행하는 곳이다. 따라서 적멸보궁의 진짜 주인은 법당의 유리문 뒤로 보이는 진신사리탑이다. 하지만 이곳의 진신사리탑에는 또 다른 특별한 이야기가 있다. 사명대사가 일본에 가서 되찾아 온 것은 조선의 백성들만이 아니었다. 그는 5대 적멸보궁 중 하나인 통도사에 봉안되어 있었던 석가의 치아 사리를 약탈해 간 왜군들로부터 되찾아와 이곳 건봉사에 봉안했다. 이로써 건봉사는 조선의 적멸보궁이 될 수 있었다.

영월교,
일제의 침탈과 훼손의 현장

적멸보궁을 되돌아 내려오는 계단의 마지막 지점에는 '용사활지 방생장계龍蛇活地 放生場界'라고 새긴 석주石柱 한 쌍이 서 있다. 남쪽 석주의 '용사활지'는 '용과 뱀이 사는 땅'이라는 의미이며, 북쪽 석주의 '방생장계'는 '방생의 영역'이라는 뜻으로, 액면 그대로 보면 용과 뱀이 함께 더불어 산다는 것을 의미한다.

이 석주에도 일본제국주의가 이 땅에 남겨놓은 흔적이 남아있다. 일제의 간악함은 '용'이 일본을, '뱀'이 조선을 상징한다는 그들의 발상에서 그대로 드러난다. 일제는 그들이 떠벌렸던 일본과 조선이 한 몸이라는 '내선일체内鮮一體'를 석주에 새겨넣은 것이다. 게다가 이 석주에는 일본을 상징하는 벚꽃도 새겨져 있다. 일본이 자신들의 침략을 정당화하기 위해서 이곳에서 벌인 짓은 이뿐이 아니다.

석주를 지나면 좌우에 있는 작은 연못 두 개를 잇고 있는 다리인 '영월교迎月橋'를 만나게 된다. 영월교는 원래 하나였던 연못을 둘로 가르고 그 가운데로 길을 내어 일본의 '일日'자와 같은 모양으로 바꾼 것이다. 조선의 민초는 임진왜란 때 그러했듯이 다시 일제에 맞서 싸웠다. 영월교를 지나 불이문 방면으로 내려오다 보면 왼편에 '금강갑계金剛甲契 발상지'라고 새겨

영월교

진 비석이 서 있다. '금강갑계'는 마을마다 결성된 상부상조계로서, 이금암이 염불만인회의 5대 화주가 된 뒤, 민족학교인 '봉명학교'와 더불어 만든 자치조직이다. 그런 투쟁의 힘이었을까? 만해 한용운은 이곳에서 지내면서 '건봉사급건봉사본말사사적'을 지었고, 그 덕택에 한국전쟁으로 완전히 전소되었던 건봉사를 다시 세울 수 있었다.

능파교, 세파를 헤치고 해탈의 세계로 건너간다

'금강갑계 발상지'를 지나 내려오다 보면 개울을 가운데 두고 왼쪽으로 넘어갈 수 있는 무지개 모양의 다리가 나온다. '능파교凌坡橋'다. '능파凌坡'는 말 그대로, 물결 위를 가볍게 걸어 다닌다는 뜻이다. 그렇기에 미인의 가볍고 아름다운 걸음걸이를 비유적으로 표현할 때 주로 사용된다. 하지만 '능파'에는 파도를 헤치고 나간다는 의미도 있다. 이 경우, 능파는 세상의 풍파 속 고해苦海의 세계를 헤치고 나와 다리를 건너 해탈의 세계, 즉 불계佛界로 나간다는 뜻이다.

실제로, 능파교를 건너가면 사찰의 본당이라고 할 수 있는 대웅전이 나온다. 일반적으로 사찰에서 본당은 '대웅전'이다. 하지만 건봉사에는 대웅전 이외에도 적멸보궁이 있다. 건봉사는 적멸보궁과 대웅전을 동서로 가르는 작은 시냇물을 경계로 하여, 이 둘 지역을 능파교로 연결해놓았다. 따라서 이곳의 능파교는 모든 세속의 욕망을 끊어내는 '적멸'을 통해서 고해의 세계에서 해탈의 세계인 '대웅전'으로 가는 다리의 역할을 하고 있다. 능파교를 건너면 '금강산건봉사金剛山乾鳳寺'라는 현판이 걸린 '대웅전'이 웅장한 모습을 드러낸다.

대웅전·만일염불원·명부전,
중생의 구제 해탈의 길

대웅전 앞의 누각은 '봉서루鳳棲樓'다. 이름 그대로, '봉황이 깃든 누각'이란 뜻이다. 건봉사가 금강산의 최남단 향로봉 남향에 자리 잡고 있어서 그 아름다움을 표현하기 위해 지은 이름이다. 그런데 다른 사찰에는 없는 건봉사의 독특성을 보여주는 것이 바로 대웅전 오른쪽에 있는 '만일염불원萬日念佛院'과 왼쪽에 있는 '명부전冥府殿'이다.

만일염불원에는 사명대사가 왜군들로부터 되찾아왔다는 부처님의 치아 사리 중 5과가 전시되어 있다. 육안으로 직접 볼 수 있다. 사실 치아 사리의 수난은 임진왜란 때 끝난 것이 아니다. 1986년 대학 복원조사단이라고 속인 도굴범이 이

건봉사 대웅전 전경

곳에서 이틀간 머물면서 치아 사리 12과를 모두 훔쳐 갔으며 그중에 8과만 되찾았기 때문이다. 그중 3과는 적멸보궁 뒤편 진신치아사리탑에 모시고 나머지 5과는 이곳에 두어 불자들이 친히 볼 수 있도록 해 놓았다.

또한, 대웅전 왼쪽 '명부전'에는 한국전쟁 때 순국한 전몰장병과 그 이후 순직한 군인들의 영령을 모시고 있다. 한국전쟁 발발 이후 휴전까지 한국군 5·8·9사단–미군 10군단은 인민군–중국군 5개 사단과 이곳에서 열여섯 차례나 주인이 바뀌는 전투를 치렀다. 하지만 건봉사는 이런 전쟁의 참화 속에서도, 민통선에 의한 강제 격리에도 불구하고 중생이 겪는 분단과 전쟁의 아픔을 보듬고자 노력해왔다. '명부전'은 '지장보살'을 모신 곳이다. 지장보살은 지옥에서 고통을 받는 모든 중생을 구원하기 전까지는 결코 부처가 되지 않겠다고 서원했다. 참으로 중생 구제의 끝판왕이라고 할 수 있다. 그러니 전쟁으로 희생된 자는 누구라도 구원의 대상이 되는 것은 당연하다.

등공대,
열반에 든 자들과 중생을 위해 남은 자들의 이야기

건봉사에는 집단 수행을 통해서 육신이 살아있는 상태로 허공을 날아오르면서 몸은 버려지고 영혼만 부처님의 연화세계로 들어갔다는 이야기가 그대로 남아 전해지는 곳이 있다. 바로 '등공대騰空臺'이다. '등공騰空'은 말 그대로 '허공을 향해 날아오름', 승천을 가리킨다. 건봉사에는 이에 얽힌 전설이 전해지고 있으며 이로써 건봉사는 '염불만일회念佛萬日會'의 기원적 장소가 되었다. 758년 신라 경덕왕 때, 발징화상發徵和尙은 정신, 양순 등 수행승 31인과 신도 1,820명이 참여한 '미타만일회彌陀萬日會'를 결성하고 '나무아미타불'을 염송하며 1만 일 동안 수행을

건봉사 등공대

했다. '미타만일회' 결성 이후, 28년이 지난 787년 7월 17일, 아미타 부처님이 관세음보살, 대세지보살과 함께 나타나 수행승 31인을 극락세계로 인도했다.

그 이후로도 등공대에서 수행하던 신도들은 세 차례에 걸쳐 모두 907인, 18인, 30인이 차례대로 극락세계로 인도되어 갔다고 한다. 등공대는 이때 신도들이 승천한 곳이다. 등공대로 가는 길은 그다지 가파르지 않으나 길 양쪽에는 지뢰밭이 있다. 해탈의 길에도 속세의 때는 강력하다. 오솔길을 빠져나오면 '탑'이 보인다. 발징화상과 신도들이 1만 일 동안 기도했던 장소라는 점을 표시하기 위해 세운 '31인 등공 유적 기념탑'이다. 여기에도 탑 표면에 박힌 무수한 총탄 자국이 선명하다. 모두가 전쟁이 낳은 죄업이자 상처의 흔적이다.

하지만 등공대에는 이를 극복하는 참된 수행의 길이 무엇인지를 보여주는 이야기들이 있다. 첫 번째 이야기는 다음과 같다. 1만 일 기도를 드리던 중, 허기가 진 스님들이 쓰러지자 한 스님이 개울에서 가재를 잡아다 빻아 죽을 쑤어 먹었다. 그리고 승천하는 날이 되자, 그 스님이 사라졌다. 이를 괴이하게 여긴 큰 스님이 그 스님을 불러 연유를 물은 즉, 그 스님은 자신이 많은 살생을 했는데 승천할 수 있겠냐고 말했다. 그러자 큰 스님은 그 자리에 있던 스님들에게 가재 죽을 먹지 않은 사람은 손을 들라고 했다. 아무도 손을 들지 않았다. 그런데 승천할 때, 가장 먼저 승천한 이는 가재 죽을 끓여 먹인 스님이었다고 한다.

다른 이야기는 1,820명의 신도 중 세 번에 걸쳐 승천한 신도 이외에 남은 신도들과 발징화상에 관한 이야기다. 네 번째이자 마지막으로 나타난 아미타 부처님은 30인을 데리고 가면서 발징화상과 나머지 신도들에게 "부처님 수기를 입고 다시 태어나 세상을 제도하라"라는 명을 남긴다. 지장보살과 법장보살처럼 그들 또한, 개인의 해탈보다는 도탄에 빠진 중생의 구원을 먼저 생각해 그 스스로 열반에 드는 길을 포기함으로써, 진정한 '보살행菩薩行'이 무엇인지를 보여주었던 것이다. 일제 강점기에 만해 한용운 또한 보살행을 걸었다. 건봉사를 나오는 길, 주차장 옆, '만해당 대선사萬海堂 大禪師'의 시비詩碑가 자꾸만 발길을 잡는다.

내가 당신을 사랑하는 것은
까닭이 없는 것이 아닙니다
다른 사람들은 나의 홍안만을 사랑하지마는
당신은 나의 백발도 사랑하는 까닭입니다
내가 당신을 그리워하는 것은
까닭이 없는 것이 아닙니다
다른 사람들은 나의 미소만을 사랑하지마는
당신은 나의 눈물도 사랑하는 까닭입니다
내가 당신을 기다리는 것은
까닭이 없는 것이 아닙니다
다른 사람들은 나의 건강을 사랑하지마는
당신은 나의 죽음도 사랑하는 까닭입니다

십바라밀 석주 十波羅蜜石柱

능파교를 건너면 '십바라밀十波羅蜜'을 형상화한 상징 기호가 각각 5개씩 새겨진 석주가 좌우 양편에 서 있다. '십바라밀'은 보살이 이루어야 할 열 가지 성취를 가리킨다. 석주에 그려진 그림과 10개의 성취를 가리키는 바라밀을 연결해 보는 재미가 있다.

　그림에서 보듯이 왼쪽 기둥 맨 위 둥근 달 모양의 '원월圓月' 무늬는 1번 '보시布施', 오른쪽 기둥 맨 위 반월半月 모양의 무늬는 2번 '지계持戒', 왼쪽 기둥 두 번째 발을 보호하는 신날처럼 생긴 무늬는 3번 '인욕忍辱', 오른쪽 기둥 두 번째 가

위처럼 생긴 무늬는 4번 '정진精進', 왼쪽 세 번째 구름처럼 생긴 무늬는 5번 '선정禪定', 오른쪽 세 번째 금강저 무늬는 6번 '지혜智慧', 왼쪽 넷째 좌우 병렬의 두 동그라미 무늬는 7번 '방편方便', 오른쪽 넷째 위아래 두 개의 동그라미 무늬는 8번 '원願', 왼쪽 맨 아래의 사각형을 품고 있는 두 개의 원 모양 무늬는 9번 '역力', 오른쪽 맨 아래의 두 개의 작은 원을 감싸고 있는 큰 원 모양의 무늬는 10번 '지智'에 대한 성취라는 염원을 담고 있다.

대웅전의 삼존불

건봉사의 본당은 '대웅전'이다. 불교에서는 석가모니를 모시는 법당을 '대웅전'이라고 하고, 서방정토 극락세계의 주재자인 아미타불을 모시는 법당을 '극락보전極

건봉사 대웅전

樂寶殿'이라고 한다. 그런데 대웅전이라고 하더라도 불상을 구성하는 방식이 다르다. 일반적으로 세 명의 부처로 구성된 삼존불三尊佛이 대부분이지만 구성에는 몇 가지 방식이 있다. 법신法身, 보신報身, 화신化身으로 구성된 '삼세불三世佛'형태도 있고, 석가불釋迦佛, 연등불燃燈佛, 미륵불彌勒佛로 구성된 방식도 있다. 심지어 삼존불의 중심에 자리를 잡은 본존이 석가여래가 아닌 다른 부처를 모신 일도 있다. 이를 비교해 보는 것도 흥미롭다.

삼존불을 볼 때 핵심은 중앙에 자리잡은 부처로, 좌우의 부처들은 이를 보좌하는 '협시불'이다. 건봉사 대웅전의 삼존불 역시 가운데 석가모니불을 중심으로, 대행 보현보살과 지혜 문수보살을 모셨다. 보현보살은 수행의 덕을, 문수보살은 지혜를 상징한다. 관음보살은 '관세음보살'이라고 하기도 하는 '자비'를 상징하는 보살로, 가장 많이 퍼져 있다. 관음보살은 머리에 보석으로 된 관을 쓰고 있으며, 문수보살과 보현보살은 연꽃을 들고 있다. 이때, 활짝 핀 연꽃은 성불을, 아직 피어나지 않은 꽃봉오리는 장차 피어날 불성을 상징하고 있다.

05

굽이굽이 길 따라
옛사람들 이야기
오늘도 흐르네

울산바위 전망대 – 화암사 수바위 – 연인김씨 열녀각 –
노상언 효자각 – 왕곡마을 함희석 효자각 – 왕곡마을 양
근함씨 4세5효자각 – 화진포

금강산 가다 눌러앉은 바위, 울산바위
쌀이 나오던 바위, 화암사 수바위
정절과 효도, 연안김씨 열녀각과 노상언 효자각
효자 가문의 자랑, 함희석효자각과 양근 함씨 4세5효자각
수호신이 된 며느리의 전설이 깃든 곳, 화진포

_____ 예로부터 사람들의 삶이 있는 곳에는 항상 함께 하는 것이 있다. 그것은 바로 '이야기'이다. 사람들에게 즐거움과 슬픔 등 다양한 감정을 전해주고, 인생을 살아가면서 경계해야 할 것 등 많은 가르침을 주는 이야기들은 어떻게 만들어졌을까?

_____ 범박하게 생각해보자면, 문자가 만들어지기 이전에는 '말'이 의사소통의 유일한 방법이었을 것이다. 사람들은 자신이 겪은 흥미로운 사건이나 의견을 전달하고자 하였을 것이다. 이것을 전해들은 이가 다른 사람에게 전달하면서 기존의 서사에 제 생각이나 더욱 흥미로운 상황 등을 덧붙이게 된다. 이렇게 이야기에 이야기를 덧붙이는 방식으로 말하는 사람의 감정과 경험, 극적 상상력이 더해지면서 다양한 이야기들이 만들어졌을 것이다.

_____ 이렇게 본다면 옛날이야기들은 '사실' 그 자체를 전달하고 있다고 할 수 없다. 수많은 사람의 생각이 덧붙여졌을 것이기 때문이다. 따라서 그것은 그저 과거 그들이 살았던 삶의 정서, 한, 기쁨, 슬픔에 관한 서사에 그칠 수도 있다.

_____ 하지만 수많은 사람의 생각과 정서들이 함축되어 있어서 우리는 이야기에서 많은 것을 얻을 수 있다. 비록 사실이라 생각하기 어려운 부분도 있을 수 있지만, 이야기 속에는 재미뿐만 아니라 경고, 교훈, 경외 등 다양한 생각과 감정들이 살아 숨 쉬고 있기 때문이다. 이야기를 듣고 전했던 사람들은 주변의 기이한 사물에 대한 이해를 돕는 이야기, 위험한 장소에 대한 경고, 삶을 살아가며 경계해야 할 것에 대한 교훈 등 살아가면서 얻게 된 다양한 경험을 녹여 이야기 속에 담았다. 이렇게 이야기는 시간과 공간을 넘어 우리에게 전해지고 있다.

_____ 38선의 남쪽에서 동부 최북단이라 할 수 있는 강원 고성에도 다양한 이야기들이 각자 자기의 매력을 발산하며 전해지고 있다. DMZ 접경지역은 전쟁의 상처를 안고 있는 곳이다. 고성도 그렇다. 하지만 이곳이 반드시 전쟁과 분단만을 상징할 이유는 없다. 분단이라는 한반도의 상처를 넘어서기 위해서는 전쟁과 분단이라는 사유의 틀을 벗어나 사람이 살아가는 곳으로서 다시금 자리매김하는 작업도 필요하다.

_____ 이야기는 DMZ 접경지역에서 발견하게 되는 분단의 아픔을 치유하고 어두운 공포의 그림자를 벗어나게 하는 힘을 지니고 있다. 고성의 이야기들을 찾아보면, 결국 이곳도 다양한 이야기가 자라난, 다양한 삶이 펼쳐지던 공간이었음을 거듭 확인할 수 있게 된다. 이제, 고성의 이야기가 보여줄 사람들의 삶의 자취를 기대하며, 이야기를 따라 고성을 둘러보자.

금강산 가다 눌러앉은 바위,
울산바위

　고성에서 유명한 이야기를 하자면 빼놓을 수 없는 것이 울산바위에 얽힌 이야기다. 고성과 울산은 약 1,020리 이상 떨어져 있다. 이를 킬로미터 단위로 환산하면 약 400km 정도 거리다. 그 먼 곳에 있는 울산이란 지명이 어찌 고성의 바위에 붙여졌을까? 사연은 이렇다.

　옛날에 산신령이 금강산을 만들고자 하였다. 이 땅에서 가장 아름다운 산을 만들고 싶었던 산신령은 고민 끝에 1만2,000개의 봉우리를 각자 다른 모양으로 만들겠다고 생각하였다. 하지만 금강산에는 그만큼의 바위가 없었다. 산신령은 전국에 흩어져 있는 바위들에 소집령을 내렸다. 금강산의 비경을 만들 만한 멋진 모습의 바위들은 모두 이곳으로 모이라는 것이었다. 경상도 울산에 살던 울산바위도 이 소식을 듣고서는 '나도 한 경치한다'라고 생각하고 자신의 모양새를 뽐내기 위해 금강산을 향해 나섰다.

　하지만 울산바위는 워낙에 덩치가 컸던 탓에 걸음이 느렸다. 그래도 열심히 열심히 걸어가다가 이윽고 설악산에 도착해 밤을 보내게 되었다. 그런데 울산바위가 쉬는 사이, 금강산에는 이미 1만2,000개의 바위가 모두 모여들었고, 산신령은 더 이상의 바위는 받지 않겠다고 통보하였다. 그러자 금강산으로 향하던 울산바위는 더는 금강산으로 가지 못하게 되었다. 그렇다고 울산으로 돌아가자니 너무 먼 길을 와 엄두가 나지 않았다. 결국 울산바위는 설악산에 자리를 잡고 말았다.

　울산바위는 주변 풍경과 다를 뿐만 아니라 너무나 빼어나게 아름답다. 어떤 풍경이 주변과는 너무나 다르거나 빼어나게 독특하다면 사람들은 그것을 보고 어떤 생각을 했을까? 아마도 주변과의 다름이 가지고 있는 매력, 그것만의 독특함이 사람들의 상상력을 자극하였을 것이다. 물론 그것은 풍화와 침식이라는 자

—
아름다운 자태를 뽐내는 울산바위

연과 시간의 힘이 만들어낸 결과다. 하지만 사람들은 억겁 시간의 흐름에 또 다른 의미를 붙여넣는다.

　물론 울산바위 이야기에는 다양한 버전이 존재한다. 내용에 따라서는 울산 원님의 욕심과 동자승의 통쾌한 복수가 덧붙여지기도 한다. 이런 이야기들이 덧붙여지는 이유는 권력자들의 횡포가 우리네 삶에 횡행했기 때문일 것이다. 사람들은 독특하고 웅장한 이 바위에 울산이나 금강산과 관련된 형상을 부여함으로써 아름다움을 찬양하고 더불어 권력자들의 탐욕을 조롱하였으리라. 이처럼 바위 하나, 돌 하나를 보면서도 삶의 의미를 부여하는 것이 사람들의 상상력이다.

쌀이 나오던 바위,
화암사 수바위

어디서나 인간의 과도한 탐욕을 경계하는 이야기는 다양하기 마련이다. 고성군 토성면에 있는 화암사 남쪽에는 왕관처럼 생긴 우람한 바위가 서 있다. 이름은 수바위. 오래전에는 바위의 윗부분에 항상 마르지 않는 웅덩이가 있었다고 한다. 예로부터 이 지역에 비가 오지 않고 심한 가뭄이 들면 인근 마을 사람들이 수바위에 와서 웅덩이의 물을 퍼 주위에 뿌리며 기우제를 지냈다고 한다.

수바위

화암사의 원래 이름은 '화엄사'였다. 화엄사는 산중 깊은 곳에 있어서 항상 양식이 부족하였다. 그런 화엄사 앞에 커다란 바위가 있었는데 높고 널찍하여 스님들의 수행 장소로 쓰였다. 그런데 어느 날 바위에서 수행하던 두 스님이 잠시 잠이 든 사이, 꿈에 백발노인이 나타나서 일렀다.

> "바위를 찾아보면 작은 구멍이 있다. 거기에 막대기를 넣고 세 번을 흔들면 두 사람이 먹을 만한 쌀이 나올 것이니라."

꿈에서 깬 스님들은 서로 신기한 꿈 이야기를 하였는데, 두 스님이 같은 꿈을 꾼 것을 알고는 놀라 백발노인의 말대로 바위의 구멍을 찾았다. 이윽고 작은 구멍

수바위 너머 아득한 고성의 산과 하늘이 눈에 들어온다.

을 발견한 스님들은 백발노인이 말한 것처럼 그곳에 막대기를 넣고 세 번을 흔들었다. 그랬더니 정확히 두 명이 먹을 만큼의 쌀이 쏟아져 나오는 것이 아닌가. 이후로 스님들은 멀리 시주를 나가지 않아도 되었고 수행에 더욱 힘을 쏟을 수 있었다.

그런데 어느 날 화엄사에 머무르던 객승客僧 한 명이 두 스님이 신기한 구멍에 대해 말하는 것을 듣게 되었다. 그는 이 이야기를 듣고 '막대기를 넣고 여섯 번 흔들면 두 배의 쌀이 나오겠지?'라고 생각하였다. 객승은 두 스님이 수행하지 않는 시간에 바위에 올라 구멍을 찾았다. 그리고는 구멍에 막대기를 넣고 세 번을 흔드니 두 명분의 쌀이 나왔다. 세 번을 더 흔드니 또 두 명분의 쌀이 나왔다. 쏟아지는 쌀을 보고 신이 난 객승은 막대기를 마구 흔들었다.

그러자 이번에는 구멍에서 쏟아져 나오던 쌀이 도로 들어가기 시작했다. 그리고 쌀이 들어간 구멍에서는 피가 쏟아졌다. 그 후로 쌀 구멍에서 다시 쌀이 나오지 않았다고 한다. 이후로 수행을 하던 바위는 쌀이 나오던 바위라 하여 '이삭 수穗'자를 써 '수바위'라 불렀고, 절의 이름도 '벼 화禾'자를 써 '화엄사禾巖寺'라 부르게 되었다고 한다.

수바위 이야기 속 스님들은 한 끼 먹을 만큼의 쌀에 감사하였고 더 이상을 바라지 않았다. 스님들이 애써 농사지어 스스로 쌀을 얻지 않는 것은 수행에 더욱 힘을 쏟기 위해서다. 하지만 객승은 수행도 하지 않고 쌀만 탐하였다. 그냥 주어지는 것은 없다. 얻음에는 반드시 대가가 있다. 그래서 스님일지라도 땀의 대가 없이 얻음이란 존재하지 않는 것이다. 수바위 이야기 속의 마을 사람들이 가뭄과 같은 공동체 위기에서야 마르지 않는 샘에서 물을 길어 기우제를 지내고, 스님들은 한 끼 분량의 쌀에도 자연이 주는 혜택에 항상 감사하며 살았던 것처럼, 수바위 이야기는 자연에 감사하며 겸손하게 살아야 함을 널리 후대에까지 알리려 했던 옛사람들의 지혜가 낳은 상상의 교훈으로 읽힌다.

정절과 효도,
연안김씨 열녀각과 노상언 효자각

탐욕에 대한 경계나 자연에 대한 경외 등 모든 이야기가 보편적인 가치를 담고 있는 것은 아니다. 어떠한 이야기들은 이야기를 전한 사람들이 살았던 사회의 고유한 가치와 규범들을 전하기도 한다. 전국에 산재하는 열녀각과 열녀비, 효자각과 효자비 등은 유가儒家의 나라였던 조선 시대가 무엇을 사회적 가치로 선택했으며, 그것을 또 어떻게 기리고 있는지를 잘 보여준다.

고성의 왕곡마을에서 남쪽으로 내려가다 보면 토성면 용촌2리가 나온다. 이곳에는 남편을 살리기 위해 자신의 손가락을 잘라 피를 먹이고, 남편 사후에 수절하면서 자식들을 잘 키웠던 연안김씨를 기리는 열녀비가 있다. 연안김씨는 시부

연안김씨 **열녀각**

연안김씨 열녀비

모에 대한 효성이 지극하였으며, 남편이 병들어 빈사 상태에 빠지자 손가락을 잘라 피를 먹여 남편의 연명을 도왔다. 그러나 병세가 악화하여 남편이 세상을 뜨자 연안김씨도 남편을 따라 죽으려고 하였지만, 자녀 때문에 생을 마감하려는 생각을 미루었다. 이후 자녀가 성장하자 "내가 죽거든 남편 옆에 묻어 달라"라는 유서를 남기고 자결하였다고 한다.

또한, 선비다운 삶을 살면서도 부모에 대한 효를 다하였다는 노상언의 효자각도 있다. 노상언은 어려서부터 총명하였고 낮에는 일하고 밤에는 공부하는 주경야독으로 학문을 연마하였다. 힘든 삶을 살아가면서도 부모에게 극진한 효도는 물론 웃어른을 공경하는 선비다운 행실과 선행을 다 하였다. 그가 40세 되던 해 극심한 가뭄이 찾아와 농사를 망치게 되었다. 이에 노상언은 부모를 공양하기 위해 다른 집에서 머슴살이하였다. 이후 부모가 병석에 눕자 농사를 짓던 땅을 팔아 부모를 돌보는 데 썼다.

당시 조정에서는 연안김씨의 죽음을 열烈이라 하여 정려(국가에서 미풍양속을 장려하기 위하여 효자·충신·열녀 등이 살던 동네에 붉은 칠을 한 정문(旌門)을 세워 표창하던 풍습. 신라때부터 이 풍습이 시작한 것으로 전해지고 있다)를 세웠고, 노상언의 삶을 효孝라 하여 또한 정려를 세웠다. 유교적 사고 속에서 연안김씨와 노상언의 희생적

삶이 숭고한 가치로 여겨질 수 있다. 특히 이 유교적 여성관에 대해서는 다양한 해석과 의견이 존재할 수 있다.

가령 열녀비烈女碑는 있고 열남비烈男碑는 왜 없는지 의문을 가질 수 있다. 죽은 남편을 따라 자결하는 것이 진정 사랑 때문이라면 여자만이 아니라 남자의 수절과 자결도 칭송되어야 했을 것이기 때문이다. 이런 의문을 통해 많은 사람이 열烈의 가치가 남성중심적 가부장제 사회의 덕목일 뿐이라고 지적하기도 한다. 이러한 비판적 시각은 사대부의 나라 조선에서 가문의 영광을 위해 얼마나 많은 여성이 희생당해왔는지를 먼저 성찰해야 한다는 주장으로 이어지기도 한다.

▶▶▶   05 굽이굽이 길 따라 옛사람들 이야기 오늘도 흐르네

효자 가문의 자랑,
함희석효자각과 양근 함씨 4세5효자각

고성의 왕곡마을은 조선 시대 집성촌을 이루고 산 마을이다. 집성촌이 있는 곳에는 대개 이런 효행과 열행에 얽힌 이야기가 전해지기 마련이다. 집성촌은 특정 성을 가진 일가들이 모여 사는 마을이기 때문에 가문의 영광을 제일 가치로 여기게 된다. 그래서 벽지 마을 집성촌 입구에서 열녀문이나 효자각, 혹은 비석 하나 정도는 쉽게 만날 수 있다.

그런데 오랜 전통사회에서 넘어온 이런 마을들에 관련 비각이나 비석이 하나 정도에 그친다는 것은 국가로부터 인정을 받을 수 있는 정도의 열행과 효행이 생각보다 많지는 않았다는 것을 방증한다. 그렇기에 몇 대를 거쳐 효자가 난다는 것은 가문의 영광일 뿐만 아니라 동시에 지역의 자랑거리일 수밖에 없다.

고성 왕곡마을에는 놀랍게도 4대에 걸쳐 이어진 다섯 명의 효자를 기리는 효자각이 있다. 1820년에 세워진 '양근 함씨 4세 5효자비'를 보존하고 있는 효자각이 그것이다. 이 5효자비 외에도 또 다른 효자비가 있다는 사실은 놀람을 더한다. 다른 하나는 바로 1869년에 세워진 '함희석 효자비'를 보존하고 있는 효자각이다.

'함희석'은 부모가 병들자 부모를 보신하기 위해 얼음을 깨고 바다로 헤엄쳐 나가 고기를 잡아 올 정도로 효심이 깊은 사람이었다. 그리고 집에 큰불이 나 부모가 화상을 입어 움직일 수 없게 되었을 때는 부모의 수족이 되어 부모를 지극히 모셨다. 지극한 효심에도 불구하고 부모는 명을 달리할 수밖에 없었는데, 상喪을 당하자 함희석은 3년간 시묘를 살았다. 산신도 감동하였는지 그의 시묘살이 3년 동안 호랑이가 곁을 지켜주었다고 전해진다.

아마도 함희석과 같은 효자가 나올 수 있었던 것은 이곳이 함씨들이 모여 사는 집성촌이었기 가능하였던 것으로 보인다. 효자가 3년간 부모 산소에서 시묘살

江陵咸氏孝子之閭

함희석효자각

양근 함씨 4세5효자각

3대째인 함인홍의 아들 함덕우 역시 부친인 함인홍이 위독할 때 손가락을 잘라 피를 먹었고, 함덕우의 아들 함희룡 역시 아버지 함덕우가 위독할 때 손가락을 잘라 피를 먹여 연명하게 하였다. 부모의 효성을 본받아서인지 함성욱의 아들과 손자들은 대대손손 효성이 지극하였고, 결국 함성욱을 포함하여 4대에 걸쳐 다섯 명의 효자가 났다고 한다.

물론 어떤 이는 이런 이야기들을 들으며 '과연 손가락에 상처를 내서 그 피를 환자에게 먹인다 해서 효과가 있겠는가?'라고 의문을 가질 수 있다. 앞서 열녀문과 효자각에서 보았듯이 이런 일화들은 당대의 사회적 가치와 관련된 이야기들이다. 당대의 현실 문맥을 배제하고, 오늘날의 관점에서만 이 이야기들을 이해하려고 한다면, 왕왕 과도한 근본주의에 빠질 수도 있다. 당시의 가치관과 현재의 가치관은 절대로 같을 수 없기 때문이다. 옛이야기를 현대적 시각으로 해석하고자 할 때 주의를 기울여야 하는 이유다. 따라서 이러한 열녀각과 효자각을 통해 그 시대를 살았던 이들의 사랑과 희생을 높게 평가하고자 하였던 당시의 시각에 대한 존중과 이해는, 현재적 관점에서의 비판만큼이나 꼭 필요한 덕목이다. 현재를 살아가는 우리는 열녀각과 효자각을 마주함으로써 그 이면에 내재한 사회적 폭력을 성찰하는 기회를 얻을 수 있기에 열녀각과 효자각의 가치를 입체적으로 구성해낼 수 있다. 이런 점에서 마을 입구의 정려와 비각들에서 우리는 오랜 시간 시대를 건너온 옛사람의 자취와 그들의 가치, 그 속에 묻힌 사랑의 이야기들을 통해 그들과 새롭게 만날 수 있게 된다. 이야기가 전승되는 이유이기도 하다.

수호신이 된 며느리의 전설이 깃든 곳,
화진포

열녀와 효자들의 이야기가 특정 시대의 가치를 반영한 이야기라면, 빼어난 경치에 마치 반전처럼 얽혀 있는 슬픈 이야기도 있다. 강원도 고성은 풍광이 뛰어나기로 유명하다. 특히, 빼어난 화진포 풍광의 아름다움은 이미 그곳에 세워진 별장들만으로도 충분히 설명된다. 경치가 얼마나 뛰어났기에 역사에 이름을 남긴 사람들의 별장이 이곳에 모여 있을까. 이토록 경이로움에 가까울 정도로 아름다운 곳에는 이야기가 따라붙는 법이다. 이곳 화진포에도 이화진이라는 사람과 그 며느리의 이야기가 전하고 있다. 이 이야기는 고성 편을 시작할 때 언급한 바 있으므로, 간략하게 정리하자.

화진포가 있던 옛날 이 마을에는 인색하고 성격이 고약한 이화진이란 부자가 살았다. 시주온 스님에게 쌀 대신 말똥을 퍼주었다. 이를 본 이집 며느리가 시아버지를 용서해달라고 하면서 쌀을 퍼주었는데, 스님이 그녀에게 "나를 따라오면서 어떠한 소리가 나더라도 뒤를 돌아보지 말라"라고 당부하였다. 하지만 스님을 따라나섰던 며느리는 고총고개에 이르렀을 때 등뒤로 들려오는 커다란 소리에 그만 뒤를 돌아보고 말았다. 이화진이 살던 집과 논밭이 모두 물에 잠겨 호수가 되어가고 있는 장면이 들어왔다. 이에 애통해하던 며느리는 그만 그 자리에서 돌이 되고 말았다.

이후, 마을 사람들은 이 착한 심성을 가진 며느리의 죽음을 안타까이 여겨 고총 서낭신으로 모셨고, 그 뒤 근방의 농사도 잘되고 전염병도 사라졌다고 한다. '화진포'는 이화진의 이름에서 유래되었으며, 지금도 청정한 날에는 화진포 한가운데에 잠긴 금방아 공이에서 누런 광채가 수면에 비친다고 한다.

화진포의 이야기는 악행을 저지른 시아버지가 벌을 받고, 선행을 한 며느리가 물에 잠길 집에서 벗어나는 모습을 통해 악한 일을 한 사람은 벌을 받고 착한 일을 한 사람은 복을 받는다고 말하는 듯하다. 하지만 선행을 하여 구원을 받은 며느리는 결국 돌이 되었다. 그 또한 화를 면치 못한 것이다. 그렇기에 이것은 단순히 권선징악을 다룬 이야기라 말하기 어렵다. 오히려 결말이 불행한 슬픈 이야기다.

그렇다면 옛사람들은 어째서 이런 비극적인 이야기를 만들어 놓은 것일까? 아마도 그것은 화진포를 보는 사람들의 마음이었는지도 모른다. 화진포는 너무나 맑은 물을 담고 있는 아름다운 호수다. 하지만 그 물은 마시거나 농사에 쓸 수 없는, 짠 기가 베어 있는 물이다. 농사를 짓는 사람에게는 엄청난 담수량의 화진포가 전혀 도움이 되지 않았다.

마치 저주와도 같은 호수를 바라보며 사람들은 자신들이 무엇인가 자연의 섭리나 규칙을 어겼을 것이라고 느꼈을지도 모른다. 그래서 이화진의 며느리와 같은 이야기를 만들어 며느리의 희생을 통해 무엇인지 모를 죄를 대속하고자 한 것은 아닐까. 그리고 그 희생을 대가로 그녀를 고총 서낭신과 같은 신으로 만든 것은 아닐까.

화진포 며느리상

　사실, 신격화된 숭배의 대상들은 기본적으로 어떠한 저주를 풀기 위해 희생되는 희생자들인 경우가 많다. 그들은 희생자가 됨으로써 저주를 풀고, 사람들은 저주를 풀기 위해 그를 희생시켰기 때문에 그를 신적 대상으로 숭배하는 것이다. 따라서 화진포의 며느리 설화는 고통을 지고 살아가는 사람들이 그 고통을 감내하거나 이겨내기 위해 상상해낸 치유의 행위였을지도 모른다.

　예부터 지금까지, 그리고 앞으로도 사람들의 삶이 이어지는 한 그들의 삶을 전하는 '이야기' 또한 함께 할 것이다. 고성의 다양한 이야기를 마주하는 우리와 마찬가지로 다양한 이야기들을 읽어내는 사람들 또한 계속해서 존재할 것이다. 수많은 이야기를 단순히 오래전부터 전해온 '옛것'의 하나로 치부하지 않고, 다양한 사람들의 다양한 삶과 생각이 켜켜이 쌓여 이루어진 결과물로 보게 될 때, 우리는 이야기를 통해서 과거를 살펴볼 수 있음과 동시에 미래를 상상할 수 있게 될 것이다.

　옛사람들의 이야기는 현재의 우리를 통해서 오늘도 흘러가고 있다.

어디서 들어본 이야기인데?
광포설화廣布說話

화진포에 얽힌 전설인 〈이화진 전설〉은 다른 호수에 관련된 이야기와도 비슷하다. 이처럼 똑같거나 거의 같은 내용의 이야기가 전국의 곳곳에서 발견되는 현상은 쉽게 확인할 수 있는데, 이렇게 전국 각지에서 유사한 내용으로 전해지고 있는 이야기 즉, 똑같은 줄거리를 지니면서 각편이 전국적 분포를 보이는 전설을 '광포설화廣布說話'라고 한다.

화진포의 〈이화진 전설〉과 같은 이야기는 강원도에서만 강릉 경포, 고성 화진포, 춘천 아침 못, 원주 용 터지기 등 20여 곳에서 발견되고 있다. 전국적으로는 100여 곳에 달한다고 하니 그야말로 한국에서 가장 널리 알려진 이야기 중 하나라 할 수 있다. (연)못의 유래를 설명하는 지명설화인 〈장자못 설화〉로도 불려지는데, 다양한 〈장자못 설화〉에서 나타나는 공통된 줄거리는 다음과 같다.

1. 마을에 인색한 장자(長者)가 살고 있다고 소문이 난다.
2. 승려가 시주를 요구하나, 장자가 거절한다.
3. 장자의 며느리가 시주한다.
4. 승려가 며느리에게 뒤를 돌아보지 말고 산을 오르라고 한다.
5. 장자의 집터는 수장되고 며느리가 뒤를 돌아본다.
6. 며느리는 돌이 된다.

〈이화진 전설〉은 이러한 공통 내용에 마을 사람들이 며느리를 고총 서낭신으로 모시는 내용이 추가된 형태다. 연구자에 따라서 〈장자못 설화〉가 한반도의 광포설화일 뿐만 아니라 전 세계적인 광포설화임을 밝히기도 한다. 물에 의해 마을이나 가옥이 잠기는 모티프와 금기를 어겨 돌이나 소금기둥이 되는 모티프는 성경에서도 찾을 수 있으며, 고대 바빌로니아, 히브리, 그리스, 중국 등지에서도 유사한 모티프로 구성된 이야기를 확인할 수 있기 때문이다. 설화 중 가장 유명하다고도 할 수 있는 〈흥부와 놀부〉의 경우도 인도네시아, 말레이시아, 베트남, 일본 등지에서 거의 유사한 형태의 이야기로 찾아볼 수 있는 대표적 광포설화다.

이처럼 다양한 지역에서 같은 형태의 이야기를 접할 수 있다는 것은 매우 흥미로운 일이다. 근래에 들어서 문화콘텐츠 개발의 하나로 지역·장소별로 관련된 설화를 발굴하는 작업이 활발하게 이루어지고 있다. 여행길에서 각지의 역사적 정보 등 다양한 지식을 섭렵하고 아름다운 풍광을 눈에 담는 것도 의미 있는 일이겠지만, 다양한 옛이야기를 찾아보며 그 관계를 살펴보는 것 또한 큰 재미가 될 수 있을 것이다.

06

금강산이 품은
목조건축의 아름다움

| 간성향교 – 왕곡마을 – 어명기 가옥 – 천학정 – 청간정

2층으로 올려 지은 명륜당, 간성향교
영동 북부 양통집이 모인 집성촌, 왕곡마을
조선 중기의 당당한 거옥, 어명기 가옥
동해의 절경을 내려보며, 천학정과 청간정
지역과 마을, 공간이 담은 특색을 찾아서

_____ 한옥은 멋스럽다고들 한다. 맞다. 멋있다. 짙푸른 하늘 아래 양쪽 끝을 펼친 날개처럼 솟아오른 새카만 기와지붕은 세련된 멋이 있고, 청록색 단청으로 수를 놓은 붉고 굵은 기둥에 무겁게 앉힌 맞배지붕은 근엄한 멋이 있다. 색바랜 나무 기둥 사이사이 누런 황토벽 초가집은 또 얼마나 푸근한가. 느긋하게 저무는 서녘의 해를 뒤에 둔 초가집의 나지막한 굴뚝으로, 아궁이에서 밥을 짓고 구들장에서 방을 데운 연기가 폴폴 피어오른다.

_____ 한옥은 멋있지만, 멋있다고만 생각하면 오히려 한옥의 본래 멋을 놓치고 만다. 한옥은 집이다. 무엇보다 집이고 학교이고 일터이고 쉼터이다. 멋을 내는 것도 중요하지만 기능을 하는 것도 중요하다. 게다가 한옥은 여러 채의 건물들이 모여 만들어진다. 한곳에 모여 있어도 모양은 제각각이다. 지역의 특색도 분명하다. 그래서 우리는 질문을 던져야 한다.

_____ 지붕은 왜 이렇게 생겼을까? 기둥 아래에는 왜 이런 돌을 받쳤을까? 여기 처마는 왜 겹으로 올렸을까? 마루는 왜 여기도 두고 저기에다가도 두었을까? 대문 옆 이 작은 방에선 누가 잤을까? 이런 질문을 던져 줄 때, 비로소 마치 박물관의 유리벽처럼 한옥을 둘러싼 '피상적 예찬'의 벽은 허물어질 수 있다. 그리고 피상적 예찬의 벽이 허물어질 때, 마침내 한옥은 그곳이 품고 있던 우리 삶의 장면들을 보여주기 시작한다.

_____ 이곳 고성에도 질문을 기다리는 오래된 한옥이 여럿 있다. 간성향교의 이름은 고성의 옛 지명에서 따왔는데, 특히 2층으로 올려 지은 명륜당이 독특하다. 왕곡마을과 어명기 가옥은 용케 전쟁의 화마를 피하고 살아남았다. 목조건축이기 때문에 전쟁만 나면 타버리거나 땔감이 됐던 한옥의 운명을 생각하면 정말로 다행이다. 청간정과 천학정은 동해의 절경을 즐기려 고성을 찾은 이들에게 예나 지금이나 최고의 절경을 선물한다.

2층으로 올려 지은 명륜당,
간성향교

간성향교는 고성군 간성읍 교동리에 있다. 세조 2년인 1420년 처음 지어져 여러 번의 이건移建과 중건重建을 거쳐 현재에 이른다. 지금의 위치는 인조 연간인 1640년에, 배치는 19세기 고종 연간인 1872년에서 1874년 사이에 정리된 것으로 보인다. 이후 한국전쟁으로 소실된 것을 1956년 대성전과 동·서재가 재건되기 시작하여 명륜당과 동·서무가 재건되고, 최근까지 중건과 보수가 진행되었다.

고성군은 원래 간성군과 고성군으로 나뉘어 있었는데, 1914년 합쳐지고 1919년 고성군으로 개칭되었다가 전쟁으로 현재는 다시 갈라져 있다. 그래서 간성향교는 남쪽에, 고성향교는 북쪽에 남아 있게 된 것이다.

간성향교

향교는 고려 시대부터 지어지기 시작한 국립지방 교육기관이었는데, 특히 성리학을 건국이념으로 삼은 조선 시대에는 그 역할이 더욱 커졌다. 서울의 성균관이 그러한 것처럼, 향교에는 공자에 대한 종교적 의례인 제향祭享의 기능과 유학에 관한 학문적 연구인 강학講學의 목적이 함께 있다.

그러므로 공자의 위패를 모신 대성전大成殿과 유학의 이념을 공부하고 토론했던 명륜당明倫堂은 향교를 구성하는 두 중심건물이다. 일반적으로 대성전이 있는 제향 공간에는 좌우로 송조 6현과 동방 18현 등의 위패를 모신 동무東廡와 서무西廡를 두고, 명륜당이 중심에 있는 강학 공간에는 학생들의 기숙사였던 동재東齋와 서재西齋를 함께 둔다.

그런데 간성향교 명륜당은 아주 독특하다. 일단 2층이다. 게다가 일반적으로 생활공간에 많이 썼던 팔작지붕 대신 종교적 건물에 많이 쓰이는, 위엄을 강조한 맞배지붕이 얹혀 있다. 2층 건물이라 그런지 맞배지붕도 그다지 무겁게 짓누르는 느낌이 없다.

명륜당의 1층은 통로의 역할을 한다. 산자락 조금 윗부분에 자리한 것도 그렇고, 2층 누각으로 올려 지은 것도 그렇고, 풍경을 감상하겠다는 의도가 분명하다. 영남지방의 향교들이 누각형 정문을 사용하는 것과는 또 다른 모습이다.

간성향교에서 명륜당만큼 재미있는 곳은 제향 공간과 강학 공간을 구분하는 내삼문이다. 이름은 '대성문大成門'인데, 단순히 '문'으로만 볼 수 없다. 내·외삼문에 현판을 달아둔 것도 특이하지만, '대성문'이라는 이름의 내삼문은 특히 그 크기와 형식에서도 사뭇 독특한 느낌을 준다. 마치 서울 성균관 명륜당을 보는 듯, 솟을지붕이라기보다 맞배지붕을 겹쳐 양쪽에 익사翼舍를 둔 것 같은 넓은 건물이다.

내삼문이 외삼문보다 큰 것은 물론 폭만 보아서는 대성전보다도 넓다. 내삼문 양쪽의 공간은 창고처럼 쓰지 않았나 싶다. 앞서 말한 것처럼 향교에는 제례 공간의 기능도 있었는데, 제사 기물을 위한 제기고祭器庫나 전사청典祀廳을 따로 두는 경우는 거의 드물다. 그렇다면 혹시 간성향교의 이 내삼문 양쪽은 이를 위한 실용적 변용일지도 모르겠다.

내삼문을 지난 안쪽으로는 맞배지붕에 풍판, 정면의 툇간까지 갖춘 대성전은 전형적인 모습을 보여준다. 동무와 서무의 건물도 훌륭하다. 대성전 정면의 세 돌계단 뒤로 가구식 기단이 보인다. 자연석을 다듬거나 장대석으로 만들어 쌓은 기단보다 훨씬 격식을 높인 방식이다.

대성전은 정면 다섯 칸 구조인데, 양쪽의 들창까지 멋진 대조를 이루고 있다. 평소에는 문을 닫아두지만, 음력 2월과 8월 초 석전제釋奠祭 때는 활짝 열고 제례를 행한다. 앞쪽의 툇간은 그래서 필요하다.

고급스러운 팔작지붕을 얹은 외삼문부터 2층으로 올린 명륜당, 광활하면서도 실용적인 내삼문, 여기에 가구식 기단으로 아래를 받친 대성전까지 간성향교는 향교 중에서도 손꼽을 만한 규모와 멋을 자랑한다.

영동 북부 양통집이 모인 집성촌,
왕곡마을

향교를 돌아봤으니 민가로 가보자. 왕곡마을은 양근(강릉) 함씨咸氏와 강릉 최씨崔氏의 집성촌이다. 영동 북부의 전통 가옥이 옹기종기 모여 있는 왕곡마을은 고성이 자랑하는 전통 공간이다.

함씨는 고려 말 조선왕조의 역성혁명에 반대한 홍문관 박사 함부열과 그의 손자인 함영근의 정착을 시작으로 삼고, 최씨는 희경공파 21세손 최응복을 시작으로 삼는다. 왕곡마을 안 개울을 두고 윗마을(금성마을)에 먼저 함씨가 자리를 잡고, 이후 함씨와 통혼을 한 최씨가 아랫마을(왕곡마을)을 형성함으로써 현재와 같은

왕곡마을

모양이 되었다.

　왕곡마을은 영동 북부 가옥의 특징과 함께 집성촌의 특징을 잘 보여주고 있
다. 안방, 사랑방, 부엌, 외양간까지 한 건물 안에 들여놓은 '양통집'은 추위를 견
디기 위한 방책이었다. 모든 집은 남향으로 지어졌고, 담벼락을 뒤에만 두었다.
뒤에만 담을 두르고 앞을 틔운 것은 담그늘을 따라 마당 안쪽에 눈이 쌓이고 어
는 것을 막기 위한 것이다. 그렇다 해도 정작 길 쪽으로 담을 세우지 않은 것은
집성촌이기에 가능한 개방일 수도 있다.

　진흙과 기와로 켜켜이 올린 굴뚝 위에 엎어둔 항아리도 이채롭다. 이것도 단순한 꾸밈은 아니다. 날씨도 춥고 바람도 센 탓에 자칫 굴뚝을 타고 올라온 불티가 초가지붕에 옮겨붙기라도 하면 큰일이기 때문이다.

　왕곡마을은 구석구석 곱게 집채들이 남아 있다. 용케 한국전쟁의 포화도 견뎌냈기 때문이다. 겹겹이 둘러싼 산세 덕에 이곳까지 포격이 쏟아지지 않아서라 한다. 하지만 온전히 지나가지는 못했다. 마을에서 만났던 한 할머니의 증언은 생생하다.

시집온 이후 잠깐의 피난을 제외하면 계속 이곳에 사셨다는 할머니는 "돌아왔더니 부엌이 새카맣게 그을리고 좁은 마루들을 다 뜯어놨더라"라고 회고했다. 남북의 군인들이 뜯어다 땔감으로 써버린 것이다. 다행히 전쟁을 무사히 지났다는 왕곡마을도 이렇다. 이 땅에 피해가 전혀 없는 곳이라곤 찾을 수가 없으니, 다시 한번 민족상잔의 아픔과 비애가 바늘처럼 가슴 한쪽을 찔러온다.

조선 중기의 당당한 거옥,
어명기 가옥

어명기 가옥은 16~17세기 처음 건축된 것으로 보인다. 원래의 건물은 화재로 소실되었는데 영조 26년인 1750년경 어태준이 복원하기 시작하여 1753년에 완성하였다고 한다. 이후 현 주인인 어명기의 조부 어용수가 1860년대 사들여 현재에 이르고 있다. 영동 북부 민가의 전형적인 형태로, 정면 네 칸 측면 세 칸에 팔작지붕을 얹은 기와집이다.

어명기 가옥이 있는 고성군 죽왕면 삼포리는 한국전쟁 전에는 북쪽에 속해 있었다. 전쟁 때에는 북한군의 인민위원회 사무실로도, 한국군의 제1군단 사령부 병원으로도 사용되었다. 어명기 가옥도 다행히 전화를 크게 입지 않아 현재까지 그 모습을 유지하고 있다.

가옥으로 가는 진입로는 살림채의 우측면을 감아 돌며 들어가게끔 꾸며져 있다. 영동 북부의 추운 겨울은 사랑채와 안채는 물론 외양간마저 한 건물 안으로 들여놓게 했다. 건물의 정면에서 보자면 오른쪽부터 사랑방, 윗방과 가운데 방, 안방이 있고, 앞으로 튀어나온 부분은 외양간과 부엌이다.

방들을 다닥다닥 붙여 두고, 마루도 사랑방 옆 쪽마루 말고는 집안에 넣어 두

어 추위를 견디기 좋게 했다. 장대석을 3단으로 쌓은 훌륭한 기단도 눈이 많이 오
는 기후와 무관치 않다. 외양간을 집안으로 들인 것에서 가축을 아끼는 마음이 눈
에 보이는 듯하다.

　어명기 가옥은 네 채로 구성되어 있다. 진입로로 들어서면 보이는 왼편의 작
은 건물 둘은 디딜방앗간과 화장실이다. 곳간은 따로 없다. 대신 어명기 가옥에는
지붕과 천장 사이를 창고처럼 쓰는 '더그매'를 모든 공간 위에 두었다. 더그매는 지
붕에서 내려오는 한기를 막아주어 실내를 조금 더 포근하게 해주는 역할도 한다.

　행랑채는 살림채 뒤 정면 세 칸 측면 한 칸으로 따로 세워져 있다. 일반적으로 행랑채는 출입구 쪽에 배치하여 바깥 공간과 안 공간의 연결부 역할을 한다. 일반적인 한옥은 안채가 제일 안쪽에 있고, 그 앞 동편으로 사랑채를, 문 근처에 행랑채를 두는 식으로 남녀의 자리와 반상班常의 위계를 드러냈다. 하지만 어명기 가옥에서는 행랑채가 사랑채 뒤쪽에 있다. 남서향의 가옥 방향을 보아도 행랑채의 방향이 출입의 방향은 아닌 듯하거니와, 공간도 거의 구분이 되어있는 것이 독특한 특징이다.

동해의 절경을 내려보며,
천학정과 청간정

정자에 관한 기록은 고려 시대부터 있었다. 그러나 정자가 민간에 퍼진 것은 16세기 사림士林의 세력 확대되면서부터다. 향교는 일종의 공립학교다. 하지만 조선 후기로 갈수록, 특히 16세기를 지나면서 조선의 정치와 사상은 사림에 의해 좌우되었다. 사림이 발달해 감에 따라 점차 사립학교인 서원의 수와 영향이 확대되기 시작하였다. 이와 함께 지방에서 늘어가던 것이 바로 정자다.

성리학에 몰두했던 조선 시대 사림은 학문 연구, 심신 수양, 정치 실천을 일생의 과업으로 삼았다. 벼슬을 하지 않으면 학문을 연마했던 그들은, 또한 지역의 지주계급이자 지배 세력이기도 했다. 서원과 정자는 정치 일선에서 물러난 이들이 지역에서 학문과 심신을 닦는 곳이었다.

그런데 천학정은 조선 시대 건축이 아니다. 일제강점기였던 1931년, 한치응, 최순문, 김성운 등이 함께 지었다고 전해진다. 교암리의 야트막한 절벽 위에 세워져 멀리 동해를 바라볼 수 있고, 가까이는 절벽에 늘어선 기암괴석들을 감상할 수 있는 좋은 위치다.

천학정 안에는 천학정을 지으며 쓴 기록이 현판에 남아 있다. 그들은 이 현판에 '학 울음소리가 하늘에 들려 … 내가 학인지 학이 나인지 모르겠도다'라고 감상을 남겼다. 좌우 주변으로 해송 숲이 울창하고 새 떼가 이리저리 날곤 하니 과연 정말 잘 지은 이름이다.

천학정은 소박하다 못해 아담한 느낌을 주는 정자다. 정면 두 칸, 측면 두 칸이라고 하나 기둥 사이의 거리가 좁은 편이다. 하지만 이 정도 크기라면 간단하게 우진각으로 올릴 만도 한데 팔작지붕을 올린 것이 예사롭지 않다. 여기도 맞배지붕으로 내려오다 우진각으로 퍼지는 측면의 접합부에 있는 합각벽 아래에 현판을 달았다. 그런데 길과 닿는 곳이 이곳뿐이니, 아마도 처음 지을 때부터 이곳을 정면으로 삼은 듯하다.

고성이 자랑하는 청간정 역시 동해를 내려다보는 절벽 위에 세워져 있다. 그런데 '간澗'이라는 글자는 바닷물이 아니라 큰 냇물을 가리키는 말이다. 청간정은 원래 청간역淸澗驛의 정자였다고 전해진다. 현재는 옆에 있었던 역참인 청간역淸澗驛은 사라지고 청간정만 남아 있다.

천학정

청간정

청간정은 2층 구조로 된 큰 누각이다. 정면 세 칸 측면 두 칸 규모에 겹처마 팔작지붕을 얹었다. 이제야 팔작지붕을 만났다. 봉긋하게 올라간 양쪽 처마 아래로 울긋불긋 단청이 화려하다. 마루를 관통한 붉은 기둥 아래 우뚝우뚝 장초석長礎石이 위엄을 더한다.

2층으로 올라가는 계단 위에는 '청간정'이라 쓰인 현판이 있는데, 이곳은 사실 정면이 아니라 측면이다. 계단을 올라가면 저 멀리까지 동해의 수평선이 펼쳐지고 아래로는 갈매기 나는 소리와 물결이 부딪히는 모양이 대단하다.

청간정이 언제 처음 지어졌는지는 분명하지 않지만, 크게 수리했다는 기록이 명종 15년인 1560년에 남아 있다. 인조 5년인 1631년 편찬된 『수성지水城志』에는 "바닷가로부터 고작 5, 6보밖에 떨어져 있지 않지만, 물이 앞 계단을 넘어 닿지 않으니 오히려 가관"이며 "헌방軒房에 누워 듣는 바람과 파도 소리도 일품"이라고 기록되어 있다.

일반적으로 정자를 생각하면 기둥만 있고, 사방이 트여 있는 모양을 생각하게 되는데, 사계절이 분명한 우리나라의 기후적 특성상 이렇게 사면을 틔워만 두면 1년에 절반은 쓸모가 없을 것이다. 헌방은 이제 남아 있지 않다. 아마도 정자의 활용도가 예전 같지 않아졌기 때문일 것이다.

지역과 마을, 공간이 담은 특색을 찾아서

알고 보면 재미있는 것이 어디 우리 전통 건축뿐이겠느냐 마는 그래도 또 알고 보면 새로 보이는 것이 또한 건축물이다. 요즘에야 한꺼번에 수십 채를 무더기로 지어 올리는 탓에 여기 가도 저길 가도 같은 모양, 이때 가도 저때 가도 같은 느낌이 다분하지만. 옛날에는 지역마다, 마을마다, 마을 안에서도, 심지어 한 공간 안에서도 각각이 '특색'이라는 것을 가지고 있었다. 그 특색은 저마다 '이유'를 품고 있었고, 그 '이유'는 곧 그곳에 살던 사람들의 바로 그 까닭이다.

잘 찾아보면 그 이유를 찾는 것은 어렵지 않다. 간성향교의 2층짜리 명륜당에도 있고, 왕곡마을의 뒷담과 굴뚝에도 있으며, 어명기 가옥의 더그메와 행랑채에도 있다. 천학정의 현판에는 친구들이 함께 모여 정자를 세운 이유가, 청간정에서 듣는 바람과 파도 소리는 『수성지』에 남아 있다.

간성향교

1420년 고성군 간성읍 상리에 세워진 향교다. 향교는 성현들의 위패를 모시고 지역민을 교육하기 위해 지어진 조선 시대의 교육시설이다. 간성향교는 임진왜란 때 소실되었다가 1640년에 현재의 교동리에 옮겨지었다. 한국전쟁이 벌어지자 다시 대부분 파괴되었다. 전쟁이 끝나고 1956년부터 대성전大成殿을 복원해 1988년 현재 모습으로 복원을 마쳤다.

1919년 간성군杆城郡과 고성군高城郡이 고성군으로 통합되었다. 원래 간성향교杆城鄉校와 고성향교가 있었다. 그러나 현재는 간성향교만이 남아 고성군의 대표향교가 되었다. 고성향교는 이북 지역에 있는 것으로 전해진다.

간성향교의 명륜당明倫堂은 일반적이지 않은 누각구조로 지어졌다. 명륜당 뒤로 학생들의 기숙사인 동재東齋와 서재西齋가 배치되어 있다. 일반적으로 동재와 서재는 명륜당 앞뜰 좌우로 배치하는데, 간성향교의 배치는 거꾸로 되어있다. 누각 형태인 명륜당의 구조와 무관하지 않을 것으로 보인다.

동재와 서재 뒤로는 학문을 배우고 가르치는 공간과 제사를 지내는 공간을 구분하는 내삼문內三門이 있다. 매우 크게 지어진 내삼문에는 '대성문大成門'이라는 현판이 달려 있다. 이 대성문 뒤로는 공자와 선현들의 위패를 모신 대성전과 동무, 서무가 있는 제향 공간이 마련되어 있다. 전체 향교의 90% 이상을 차지하는 전형적인 전학후묘前學後廟의 구조이다. 향교 대부분이 야트막한 산자락 하단부 경사지에 위치하기 때문에 성인인 공자의 위계를 반영한 구조이다.

간성향교의 대성전은 양쪽에 풍판과 앞쪽에 툇간까지 갖춘 전형적인 형태로 지었다. 현재 간성향교는 교육을 목적으로 하지 않지만, 때로 전통 예절교육을 실시하기도 한다. 현대까지 매년 음력 2월과 8월 공자와 학자들을 위한 제례 행사인 석전제를 지낸다.

07 _____

7번 국도에서 만나는
좌절된 꿈,
그리고 분단의 두 얼굴

| 합축교 – 당포함 전몰장병 충혼탑 – 통일안보공원 – 명
파리 마을 – 동해선철도남북출입사무소 – 제진역 –
DMZ박물관 – 6·25전쟁체험전시관 – 고성 통일전망대

통일의 염원이 불러낸 이름, 합축교
전쟁의 고통, 당포함 전몰장병 충혼탑
안보의 두 얼굴, 통일안보공원
평화와 냉전이 교차하는 곳, 명파리 마을
남북을 잇는 꿈, 동해선철도남북출입사무소와 제진역
평화와 통일의 길을 찾아서, DMZ박물관
공포의 야누스, 6·25전쟁체험전시관
휴전선을 넘어 슬픔을 넘어, 고성 통일전망대

         DMZ 접경지역 동쪽 끝자락에서 만나는 강원도 고성. 그곳에는 분단의 그림자가 그 어느 곳보다도 짙게 드리워져 있다. 한국전쟁의 치열한 전투 현장과 냉전이 남긴 상처도 상처지만, 휴전 이후 수십 년이 지난 지금까지도 고성군 자체가 분단되어 있기 때문이다. 하지만 고성군의 분단은 비단 한반도의 현대사에만 존재했던 것은 아니다. 신라 시대까지만 해도 남과 북의 고성은 각기 다른 군이 었다. 두 고성이 하나의 고성이 된 것은 일제강점기에 들어와서였다. 1945년 8·15광복 당시 고성군은 38선 이북에 있었다. 하지만 한국전쟁 이후 고성군은 남과 북에 의해 분할 점령되었고, 현재와 같이 남과 북으로 다시 갈라지게 되었다.

         그래서일까? 고성군에는 갈라진 고성을 하나로 다시 합치고자 하는 사람들의 마음이 곳곳에 드러나 있다. 7번 국도를 따라 북쪽으로 향한 길은 '고성통일전망대'에서 끝나지만, 그 길 위로는 통일의 염원이 흐르고 있다.

통일의 염원이 불러낸 이름,
합축교

강원도 고성, 7번 국도에서 만나는 통일의 길은 '합축교'로부터 시작한다. 합축교는 간성읍과 거진읍을 연결하는 다리지만, 이곳으로는 차들이 더는 다니지 않는다. 합축교는 평범한 다리 옆에 빛바랜 시멘트로 된 다리를 이어 붙인 교량이다. 대신에 '북천교'라고 이름을 달고 있는 다리 위로 차량 통행이 이루어지고 있다.

사실 합축교의 본래 이름은 '북천교'였다. 현재의 북천교는 교통량이 증가하면서 하중을 견딜 수 없게 된 과거의 '합축교'를 대신하여 1987년 9월 29일에 착공, 1988년 12월 31일 완공한 다리다. '합축교'라는 이름은 지금의 북천교를 놓은 이후, 고성사람들이 새로 작명한 이름이다.

그렇다면 왜 고성사람들은 북천교를 만든 이후, 더는 쓸모가 없게 된 다리를 해체하지 않고 보존하면서 여기에 '합축교'라는 이름을 붙인 것일까? 그것은 바

합축교 전경

합축교 위 합축교 위로는 차들이 더는 다니지 않는다. 드물게 사람들만 오갈 뿐이다.

로 합축교가 철원의 승일교와 더불어 DMZ 접경지역에 남아 있는 대표적인 남북 합작 교량이기 때문이다.

해방 후 북은 38선 이북 동해안의 주요 관통로였던 이곳에 기존의 나무다리를 허물고 시멘트 다리를 건설하고자 하였다. 이북의 강원도인민위원회가 1948년 6월부터 남쪽 교각 9개를 세우기 시작하였다. 하지만 이 공사는 한국전쟁으로 중단되었다. 그 뒤 1960년 국군공병대가 북쪽 교각 8개를 마저 설치하였다.

이렇게 합축교는 12년 만에 하나의 다리로 완성되었다. 하나의 다리지만, 남과 북이 나눠 공사함으로써 서로 다른 형태를 취하고 있어, 역사적 현장성을 그대로 보여준다. 북쪽에서 건설한 남쪽의 9개 교각은 받침대와 난간을 모두 다 시멘트로 만들었지만, 남쪽이 건설한 북쪽의 8개 교각은 받침대는 시멘트로, 다리 난간은 철재로 구성하였기 때문이다.

고성사람들은 이와 같은 과거의 기억을 되살려내 철거 위기에 처한 다리를 보존하고 거기에 통일의 염원을 불어넣어 새로운 이름을 붙였다. '북천교'라는 본래 이름은 새로 만든 다리에 넘겨주고, 본래 북천교에는 '남과 북이 함께 만든 다리'라는 역사적 기억을 살려 '합축교' 또는 '합작교'라는 새로운 이름을 부여하였다.

전쟁의 고통,
당포함 전몰장병 충혼탑

합축교를 지나 7번 국도를 따라 북쪽으로 더 올라가다 보면 '당포함 전적비'를 만나게 된다. 하지만 '당포함 전적비'는 '전공戰功'을 칭송하기 위한 비가 아니다. 당포함 전적비의 본래 이름은 '당포함 전몰장병 충혼탑'이다. 이름이 보여주듯 이곳은 '당포함'(해군 제1전단 묵호경비부 소속 호위초계함인 PCE-56함) 피격사건에서

—
당포함 전몰장병 충혼탑

희생된 젊은 영령들을 기리고 있다.

1967년 1월 19일, 고성군 거진항 앞바다에서 어선의 조업 보호 임무를 수행하던 해군 56함이 북쪽 군의 포격으로 격침되었다. 이 사건으로 승무원 79명 가운데 무려 39명이 전사했다. 한국전쟁은 1953년 휴전협정으로 멈추었으나 한반도에서의 전쟁은 아직 끝나지 않았다. 그것은 수시로 우리의 일상을 침범하면서 사랑하는 사람들의 생명을 앗아간다.

통일은 그냥 오는 것이 아니다. 통일 그 자체가 과거의 상처를 딛고 서로 마음을 합치는 것이라고 할 수 있다. 전쟁은 어느 한 편이 일방적으로 다른 한 편을 죽이는 것이 아니다. 그것은 서로를 죽인다. 그래서 전쟁은 '누군가'의 소중한 삶의 평온과 그들이 사랑하는 생명 그 자체를 파괴한다. 거기에는 사랑은 없고 오직 증오만이 작동한다. 그렇기에 이곳은 전공을 기념하는 '전적비'가 아니라 전쟁에 희생된 장병을 기리는 '충혼탑'이어야 한다.

충혼탑에는 상대를 향한 적개심보다 전쟁의 상처와 고통에 대한 공감이 배어 있다. 평화는 '나'와 '적'이 나누어지지 않은 공감 속에 존재할 때만 실현이 가능할 것이다. 그리고 비록 너무 뒤늦은 깨달음일지라도, 이 깨달음은 '평화'로의 진일보를 만들어낸다. 고성 또한 그것을 잊지 않기 위해 이 충혼탑을 간직하고 있는 것은 아닐까.

안보의 두 얼굴,
통일안보공원

남북의 군대가 직접적으로 대치하고 있는 휴전선 일대를 관망할 수 있는 '통일전망대'는 입출자의 신원 확인 및 각종 군사적 통제를 해야 하는 곳이다. 바로 그와 같은 작업을 하는 곳이 고성에서는 '통일안보공원'이다.

하지만 이곳에 왜 '안보 공원'이라는 이름을 붙였는지는 어리둥절하기만 하다. 통일안보공원의 주요 기능은 통일전망대 출입 신청 및 사전 교육이다. 그래서 이곳에는 다른 관광지에는 없는 출입신고소와 교육시설이 있다. 이걸 제외하면 어느 관광지에나 볼 수 있는 토산품 및 기념품 판매점과 관광식당, 휴게소도 쉽게 만날 수 있다.

역설적이게도 이곳은 '분열적'이다. 호시탐탐 남침을 노리는 '북괴'에 대항하여 국가의 안전을 지켜야 한다는 식으로 적에 대한 증오를 일깨우는 '안보'에, 일상 속의 평화와 향유를 떠올리는 '공원'을 결합하고 심지어 그 공포조차 소비의 대상으로 바꾸고 있으니 말이다. 하지만 정작 이것을 만들어내는 것은 분단국가 그 자

통일안보공원 통일전망대 출입신고소

신이다.

　분단국가는 둘의 '평화'를 이야기하면서 다른 한편으로 '적의 절멸'을 이야기한다. 심지어 분단국가는 국민의 생명과 재산에 대한 안전을 의미하는 '안정(security)'을 북괴에 대항한 '국가의 안전'으로 바꾸어 놓는다. 대결이 아니라 화해를 통한 통일의 염원을 생각할 때, '통일안보공원'이란 이름은 이렇듯 시대에 한참 뒤진 냉전적 논리 위에 서 있는 것으로 보인다. 그렇기에 새로운 성찰이 거듭 요구된다.

　그런 점에서 고성에는 흥미로운 부분이 있다. 이곳 바로 옆의 동해선남북출입사무소에서 스스로 통일 만들기를 수행했던 고성의 역사를 기억하는 작업이다.

평화와 냉전이 교차하는 곳,
명파리 마을

통일안보공원을 벗어나 7번 국도를
따라 동해대로로 올라가다 보면, 농토의
80%가 아직도 민간인출입통제선 내에 묶
여있는 남쪽의 최북단 마을, 명파리에 도
착하게 된다. 이곳은 한때 남북이 서로 평
화를 만들어가던 시절, 남쪽 사람들이 모
여서 북쪽의 금강산으로 가는 최북단 출
발지로서, 금강산 관광의 중심지였다.

'명파리明波里'는 이름 그대로, 동해의
'맑은明' 물과 백사장을 위로 물결쳐 흐르
는 '파도波'가 수려한 풍광을 만들어내는
곳으로, 한반도의 동쪽 끝 중간에 자리를
잡은 접경지역이다. 원래 인적이 드물던
이 마을은 금강산 관광과 함께 사람들이
북적이면서 호황을 맞았다.

명파리 전경

하지만 이명박–박근혜 정권이 들어서면서 남북관계는 다시 차가워졌고, 결국
금강산 관광의 전면 중단으로까지 이어졌다. 명파리를 찾는 사람들의 발걸음도
급격히 줄어들었고, 마을은 다시 쓸쓸해졌다. 인적 없는 길가, 문을 닫은 채 줄지
어 선 식당 간판들, 누구도 따가지 않는 탐스러운 대추나무들.

쓸쓸해진 마을을 지키고 있는 이곳 사람들은 남북이 서로 대화를 하고 교류를
하던 시절, 그래서 남쪽 사람들도 금강산 관광을 갈 수 있었던 그 시절을 기억한

다. 이곳 사람들은 분단의 무게를 온몸으로 지고 살아가는 사람들이기 때문일 것이다. 하지만 분단의 무게는 금강산 관광 시절의 명파리와 지금의 명파리와 같이 두 개의 얼굴을 가지고 있다. 평화를 추구하고 있을 때, 명파리는 평화와 통일을 만들어가는 활기찬 마을이었다. 하지만 서로에 대한 적대적 대결로 다시 회귀하였을 때, 명파리는 긴 쓸쓸함에 잠긴 동네가 되었다. 명파리뿐만 아니라 분단 시대의 우리는 모두 분열적으로 살아가고 있다.

남북을 잇는 꿈,
동해선철도남북출입사무소와 제진역

동해선남북출입사무소는 동해안을 따라 남과 북을 관통하는 도로와 철도가 있는 동해선의 남쪽 최북단에 존재하는 남북출입사무소다. 남북출입사무소는 남북 간의 인적·물적 교류 관련 출입 업무를 총괄하는 통일부 산하단체로, 경의선이 지나는 파주와 동해선이 지나는 고성 두 곳에 존재한다. 2003년 도라산역과 제진역 근처에 세워진 남북출입사무소는 50여 년을 넘게 유지되어왔던 남과 북의 냉전 질서에 긍정적 균열을 냈던 2000년의 남북정상회담과 '6·15공동선언'이 낳은 남북 간 화해–협력의 산물이다. 이곳은 단순히 남과 북 간의 왕래에 필요한 업무만을 수행하지 않았다. 분단으로 끊어진 남북의 철도와 도로를 다시 연결하고자 하는 염원을 실천하고자 하였다.

특히 동해선남북출입사무소는 민족의 명산인 금강산에 대한 남쪽 주민들의 민족적 환상을 담고 있는 곳이다. 1998년 11월 18일 금강호가 첫 출항을 함으로써 시작된 금강산 관광은 2003년 9월부터는 육로 관광으로 발전하였다. 관광 기간 또한 당일 관광에서 2004년 7월부터는 1박 2일 관광으로 연장되었다. 2005

제진역

년 6월에는 총 관광객 백만 명을 돌파하였다. 하지만 2008년 이명박 정권 등장 이후, 악화 일로를 걷던 남북관계는 7월 11일 '박왕자 피격 사망 사건'으로 '금강산 관광 전면 중단'이라는 답답한 결과로 이어졌다.

명파리 마을이 그러했듯 남북이 적대를 벗어나 평화를 모색할 때, 동해선남북출입사무소는 남북의 철길과 도로를 연결하는 통일의 꿈이 자라나는 평화의 전진기지가 될 수 있었다. 그러나 남북이 서로 대치하는 냉전으로 회귀하면서 다시 사람들이 찾지 않는 접경지역으로 주변화되었다.

끊어진 남북 철길을 잇는 평화의 꿈은 오늘을 사는 우리에게 중요한 화두라고 할 수 있다. 동해선철도남북출입사무소 안에 있는 '제진역'은 그 당시 남북의 철길을 잇고자 했던 꿈의 결정체라고 할 수 있다. 2018년 '4·27판문점선언'으로 시작된 남북의 평화와 공동번영을 위한 다양한 노력은 무엇보다도 먼저 남과 북의 끊어진 철길과 도로를 잇는 작업에서부터 구체화되었다. 제진역은 그 실천적 작업의 산물이다.

2000년 '6·15공동선언' 이후 남북은 금강산과 개성을 공동으로 개발하는 데 합의하고 공사를 진행하였으며, 2007년 5월 17일에는 드디어 북쪽의 금강산역에서 출발한 열차가 감호역을 거쳐 남쪽의 제진역에 도착하는 동해선 열차의 시범운행이 이루어졌다. 비록 그 이후 더 이상의 열차는 운행되지 못했지만, 제진역은 분단의 상처와 고통을 딛고 통일로 나아가고자 하는 실천적 의지가 여전히 살아 있는 공간이다. 언제라도 북과 남을 향해 달려갈 수 있는 넉넉한 그리움. 적대를 내려놓고 하나의 민족으로 얼싸안고자 하는 염원이 팽팽하게 멈추어 서있는 곳이다.

평화와 통일의 길을 찾아서,
DMZ박물관

동해선남북출입사무소를 나와 7번 국도를 따라 북쪽으로 더 올라가다 보면 DMZ 접경지역 전체를 주제로 한 박물관이 나온다. 이름도 독특한 'DMZ박물관'이다. 이곳은 DMZ 접경지역 전체를 대상으로 자연–생태에 대한 자료들뿐만 아니라 한국전쟁과 분단에 관한 자료들을 넘어서 DMZ 전역에 존재하는 선사유적까지 전시하고 있다.

일반적으로 DMZ에 대한 사람들의 이미지는 남북의 군사적 대치라는 냉전과 분단의 적대성으로 얼룩져 있다. 하지만 DMZ는 이와 같은 이미지로만 환원할 수 없는, 자연 생태자원과 더불어 풍부한 역사문화자원을 가지고 있다. 고성 DMZ박물관에 가면 바로 이와 같은 DMZ의 다양한 자원들을 볼 수 있다.

2, 3층의 전시는 기본적으로 전쟁과 분단의 고통을 딛고 평화와 통일로 나아가고자 하는 염원을 담고 있다. 2층 전시는 '축복받지 못한 탄생 DMZ'에서 '냉전의 유산은 이어지다'로 이어지는 테마가 보여주듯이, 전쟁과 분단이 낳은 고통과 아픔에 대한 공감으로부터 시작하여 '그러나 DMZ는 살아있다'라는 극복의 의지 또는 역동적 가능성을 보여주는 것으로 구성하였다.

그리고 2층의 전시를 이어받은 3층의 전시는 'DMZ는 살아있다'가 보여주는 역동적 가능성 위에서 '다시 꿈꾸는 땅 DMZ'로서의 미래를 향한 길을 모색한다. 마지막으로 관람객들 스스로가 평화와 통일의 염원을 담은 메시지를 작성하여 걸어놓음으로써 그 스스로 평화와 통일을 만들어가는 주체가 되도록 하는 '평화의 나무가 자라는 DMZ'로 끝나고 있다.

하지만 수많은 염원이 평화와 통일로 이어지기는 쉽지 않다. 분단과 전쟁은 남과 북 사람들 모두에게 깊은 마음의 상처를 남겨놓았기 때문이다. 상처 입은 사람들은 '전쟁의 공포'를 '평화의 염원'으로 옮기는 것이 아니라 오히려 '적에 대한 증오'로 표출하기도 한다. '6·25전쟁체험전시관'은 이러한 모습을 잘 보여주고 있다.

공포의 야누스, 6·25전쟁체험전시관

'DMZ박물관'을 나와 7번 국도를 따라 북쪽으로 다시 달리다 보면 남쪽에서는 더는 북으로 올라갈 수 없는 지점이 나온다. 남북을 가르고 있는 분단의 선, 휴전선이 임박한 곳에 있기 때문이다. 바로 거기에 '6·25전쟁체험전시관'과 '고성 통일전망대'가 자리잡고 있다. 전망대 주차장으로 들어서면 옆쪽으로 '6·25전쟁체험전시관'이 보인다.

입구를 들어서면 어두컴컴한 곳에서 서늘한 공기와 함께 여기저기서 쏘아대는 기관총 소리가 요란하게 울려 퍼진다. 몸은 순간적으로 경직되고 공포가 엄습해온다. 이름 그대로, '6·25전쟁'을 체험할 수 있도록 만들어 놓은 전시관다운 구성이다. 물론 전쟁 체험을 통해서 '평화'의 소중함을 깨닫는 계기가 된다면 이 체험은 긍정적일 것이다. 하지만 이 체험이 상대에 대한 적개심과 증오만 부추기게 한다면 그것은 해악일 수 있다. 상대에 대한 증오는 참혹한 전쟁을 극복하고자 하는 것이 아니라 오히려 전쟁을 부추겨 적을 절멸하는 집단적 증오와 광기로 귀결될 수 있기 때문이다.

야외에 전시된 탱크, 통로에 늘어선 전쟁 당시의 흑백 사진들, 그리고 총과 군수용품 등 전쟁 당시의 물건들. 그곳을 걷는 사람들은 1950년대 전쟁의 여운을 느낄 수 있다. 그러나 그것은 고향을 그리는 향수와는 다르다. 자칫하면 이곳을

6·25전쟁체험전시관 입구에 놓인 탱크가 낯설다.

방문하는 사람들에게 전쟁 당시의 공포를 환기하면서, 적에 대한 증오의 감정만을 키워낼 수 있다. 증오의 감정은 '반공'을 이념화하는데 가장 주효한 기둥이다.

그러나 반공은 '통일'로 가는 길이 결코 아니다. 반공의 중심에 똬리를 틀고 있는 증오는 평화를 무너뜨리는 동시에 평화의 진정한 의미가 화해라는 사실마저 감추어버리는 역할을 한다. 보라. 증오의 감정이 명파리 마을 사람들의 활력을 꺾어버렸고, 동해선남북출입사무소와 제진역의 꿈마저 좌절시키지 않았던가! 증오는 자신을 파괴하는 '야누스적 기괴함'을 만들어낸다.

휴전선을 넘어 슬픔을 넘어,
고성 통일전망대

분단의 기괴함은 '6·25전쟁체험전시관'에만 있지 않다. 통일전망대를 올라가는 길목 곳곳에는 전쟁의 흔적들이 남아 있다. 351고지 전투전적비를 비롯하여 전쟁에서 사용된 전투기 전시 등, 상흔의 기억이 곳곳에 박혀있다. 하지만 이보다 더 아이러니한 것은 바로 그 옆 '대한민국 마지막 커피전문점'이라는 이름의 기차 모양 가게다.

가게가 형상화하고 있는 것은 우리가 동해선남북출입사무소와 제진역에서 보았던 꿈과 다르지 않다. 제진역은 아직도 그날을 기다린다. 반도의 땅을 넘어 대륙을 향해 기차가 달리는 그때를. 분단이 없었다면 기차는 삼면이 바다로 둘러싸인 한반도 땅끝에서 시작하여 북쪽을 향해 거침없이 질주하였을 것이다. 분단을 넘어선 기차는 중국, 러시아와 만나 중앙아시아와 시베리아를 가로질러 유럽으로 뻗어나갔으리라.

분단은 반도를 고립된 섬으로 만들어 놓았다. 기차는 제진역에서 멈추고 우리의 발걸음도 '고성 통일전망대'에서 멈춘다. 한때 우리가 뜨겁게 꿈꿨던 그것은 과연 불가능한 것이었을까? 2007년 5월 17일, 북쪽의 금강산역을 출발한 기차는 군사분계선을 넘어 남측의 제진역에 도착하였다. 남쪽의 문산역을 출발한 기차는 도라산역을 지나 군사분계선을 넘어 북측 개성역에 멈춰 섰다. 우리는 남북을 향해 기적을 울리며 기차가 달리는 광경을 목격하였다. 이것이 중요하다. 분단에서 통일로, 고립에서 연결로, 적대와 증오에서 화해와 상생으로 나아가려면, 구체적 상상이 필요한데, 우리는 이미 그것을 경험하였다.

고성 통일전망대에서 만나는 더없이 푸르기만 한 바다는 오히려 우리에게 슬픔을 주기도 한다. 푸른 동해에는 철조망으로 덮인 경계가 존재하지 않지만, 우

—

고성 통일전망대 내 커피전문점

리는 분단의 철책을 지고 살아가고 있다. 철책선 너머로 보이는 9명의 국선國仙이 바둑을 두었다는 구선봉도, '선녀와 나무꾼'에 관한 전설이 내려오는 강호도, 물결치는 바다로 뻗어 나온 해금강도 끊어진 철길에서 고통을 받는 기차의 꿈처럼 우리에게 아프기만 하다.

고성 DMZ박물관의 외부

DMZ박물관은 건물 내부의 전시물이 알차게 구성되어 있지만, 그에 못지않게 외부의 전시물을 구성하는 데도 힘을 기울였다. 고성 여행길에서 박물관 내부의 전시물을 관람하는 데만 주목하게 되면 외부에 설치된 의미 있는 전시물들을 놓치기 쉽다. DMZ박물관의 내부 전시물들이 DMZ의 탄생과 현재, 그리고 미래를 보여주고 있다면, 외부의 전시물들은 분단 현실과 평화로의 의지를 보다 체험적으로 경험할 수 있게 역점을 두었다.

이곳에 설치된 대북 심리전 장비는 휴전선 인근에서 대북 심리전용 방송을 전달하는 데 사용되었던 기구다. 확성기를 사용하는 휴전선 대북 방송은 남북관계에서 중요한 문제로 다루어졌다. 확성기를 통한 대북 방송은 남북관계의 물결에 따라 멈추고 재개되기를 반복하였다. 이곳에 설치된 확성기는 1970년부터 1987년까지 실제 대북 방송에 사용되었던 장비다. 확성기 앞에는 벤치가 설치되어 있는데, 이 벤치에 앉아 확성기를 바라보면 먼저 그 크기에 놀라게 된다. 이렇게 거대한 장비가 남북관계에 따라 켜졌다 꺼지기를 반복하였다고 생각하면, 분단과 그로 인한 적대감의 크기를 간접적으로나마 체험할 수 있을 것이다.

생태연못 근처에는 GOP에 설치된 철책 길을 걷는 듯한 체험이 가능한 '철책걷기체험장'이 있다. 이곳의 철책은 1960년대부터 동부전선에 설치되었다가 2009년도에 철거된 비무장지대 남방한계선의 실제 철책이다. 그렇다고 해서 철책걷기체험장이 실제 GOP의 철책과 같이 무거운 분위기만을 뿜어내지는 않는다. 철책에는 아이들이 그린 듯한 통일 포스터 등의 작품들이 전시되어 있고, 철책이 놓인 땅은 모두 푸른 잔디밭이어서 녹슨 철책만이 있는 광경보다는 훨씬 밝아진 느낌을 전한다. 녹슨 철책과 통일 포스터, 그리고 푸른 잔디의 공존은 지금의 DMZ를 그대로 보여주는 듯하다.

　DMZ박물관의 외부에서 가장 많이 볼 수 있는 것으로 바람개비를 꼽을 수 있다. 이 바람개비들은 임진각의 평화누리공원에서도 많이 볼 수 있다. 아마도 사람들은 바람개비를 바라보며 바람이 불어오는 시간을 상상할 것이다. 분단이 드리워진 DMZ와 한반도에 평화의 바람이 불어오길 바라는 사람들 하나하나의 마음이 수많은 바람개비로 형상화되었을지도 모른다.

　평화의 바람이 불어오지 않는다면, 바람개비는 절대 돌아가지 않을 것이다. 그러나 멈춰 서 있는 바람개비를 돌리기 위해서는 바람을 기다리기만 할 것이 아니라, 바람이 불지 않는 상황에서도 바람개비를 들고 달리면서 우리 스스로 바람개비를 돌리려는 노력이 필요하다.

08

어둔 밤
더욱 밝게 빛나는 등대는
남북을 잇는 불빛일까

| 가진항 – 거진항 – 거진등대 – 금구도 – 대진항 – 대진
  등대 – 명파리 마을

넉넉한 곳, 가진항
명태와 사람들의 이야기를 품은 곳, 거진항과 거진등대
황금빛 거북이 모양의 섬, 금구도와 대진등대
다시 빛날 날을 꿈꾼다, 명파리 마을
빛을 따라서 경계를 넘다

많은 사람들에게 알려져 있는 동요 〈등대지기〉의 가사를 음미하다 문득 궁금증이 생긴다. 등대를 가까운 곳에서 본 적이 있었나? 파도에 맞서고 있는 등대를 지금도 등대지기 혼자서 외롭게 지키고 있을까? 어두운 밤 불빛을 비추고 있는 등대는 과연 어떤 모습일까? 꼬리에 꼬리를 물고 떠오르는 궁금증들이 몸을 가만히 두지 않는다. 아무래도 움직여야 하겠다. 등대를 만나기 위해 몸을 일으켜야 하겠다. 발걸음이 빨라진다.

넉넉한 곳,
가진항

'등대'를 생각하면 머릿속에서 하나의 장면이 그려진다. 넓은 바다 위 외롭게 보이는 작은 섬 위에 서 있는 등대. 거친 바람에 일어선 바다의 파도는 등대를 덮치듯 달려온다. 등대지기는 무섭게 다가오는 파도를 바라보며 고고히 서 있다. 혼자서 등대를 지키는 그 사람은 얼어붙은 달그림자를 흩어버리는 파도를 보며 어떤 생각을 하고 있을까?

괜스레 감성적으로 된 어느 가을날, 혼자 서 있을 등대지기를 생각하며 동해로 향한다. 동쪽으로 향하는 이유는 단순하다. 등대를 보기 위해서다. 등대지기를 찾아 나선 동해안 여행길에서 처음으로 도착한 곳은 가진항. 예로부터 다른 어촌

가진항 전경

가진항 물횟집

마을보다 해산물이 많이 나던 곳이라 사람들에게 덕을 베풀어 준다는 의미에서
덕포德浦로도 불렸다.

그래서일까, 가진항에 들어서면 가장 먼저 물회를 파는 가게가 눈에 들어온
다. '물회'는 주재료인 회뿐만 아니라 각종 해산물이 푸짐하게 들어가야 제맛을
낸다. 한때 어부들을 기쁘게 해주던 가진 앞바다는 지금도, 이곳의 사람들뿐만 아
니라 멀리서 온 손님에게 푸짐한 인심을 내어 대접한다.

항구에서 남서 방향으로 곧게 나 있는 방사제를 따라가면, 그 끝에 서 있는 붉
은색의 등대와 하얀색의 등대를 만나게 된다. 가진항을 드나드는 선박에 항구의
입구를 알려주는 불빛을 비추는 곳이다. 동요 「등대지기」에 나오는 것처럼, 울부
짖는 바람이 지나가는 곳은 아닌 듯하다. 등대지기도 보이지 않는다. 하지만 생각
보다는 고요하면서도 동시에 활력 넘치게 불빛을 비추고 있다. 이번 여행길은 가

진항의 이 불빛에서 시작하여도 손색없겠다고 생각한다. 가다가 길을 잃으면 다시 이 불빛을 따라 돌아오면 될 터다.

다음 갈 곳을 찾기 위해 스마트폰으로 지도를 열어 보았다. 그런데 화면에 익숙하게 보아왔던 위성사진이 뜨지 않는다. 그렇다. 이곳은 DMZ 접경지역이었다. 국가안보상의 이유로 이 지역의 위성사진은 지도에서 보이지 않는다. 해가 있을 때는 이곳을 찾는 손님들과 뱃사람들로 시끌벅적하고. 해가 지고 나면 흥에 취한 사람들과 등대의 불빛으로 나지막한 소란을 볼 수 있는 이곳에서도 갑작스럽게 철책선이 살아난다. 곰곰이 생각해보면 한반도의 분단은 한반도에 사는 사람들의 삶에 짙고 커다란 그림자를 드리우고 있었다. 다만 그 그림자가 너무나도 컸기에 그림자의 존재 자체를 쉽게 인식하지 못하였던 것 같다.

여행을 떠난다는 것은 언제나 가벼운 흥분을 동반한다. 아마도 그런 흥분이 있기에 여행 중에 마주하는 모든 것들이 인상적일지 모른다. 하지만 분단의 그림자를 마주하는 순간의 답답함은 여행자의 흥분을 넘어섰다. 지금 느끼는 감정은 여행 중의 감정들과는 다른 방향에서 인상적인 모습으로 기억될 것이다. 자유롭고 가벼울 것으로 생각했던 등대지기를 찾아가는 여정에서 나의 발걸음이 조금 무거워지는 것을 느낀다.

명태와 사람들의 이야기를 품은 곳,
거진항과 거진등대

해가 떠오르기 전에 길을 나섰다. 다음으로 가볼 곳은 가진항의 위쪽에 있는 거진항이다. 가진해변을 오른쪽에 두고 조금 올라가다가 동해대로로 들어가 가진교차로에서 북쪽으로 꺾으면 된다. 7번 국도를 타고 15분 정도 가다가 보면 자산

거진항의 아침

삼거리에서 거진항으로 들어갈 수 있다. 표지판이 꽤 자주 있어 찾아가는 데 큰 어려움은 없어 보인다.

규모가 다소곳한 가진항을 보고 와서 그럴까. 거진항은 생각보다 큰 느낌을 준다. 아니면 거진항의 '거' 자가 '클 거巨' 자라서 그럴까. 떠도는 말에는 과거를 보러 가던 한 선비가 이곳에 들러 잠시 쉬어가려고 했는데 주변 산세를 보니 클 거巨자처럼 생겼기에 '큰나루巨津'라고 이름 붙였다고 한다. 아무튼 거진항은 동해 항구 중에서 꽤 큰 규모를 자랑하는 곳으로 알려져 있다.

해 뜨기 전에 움직인다고 서둘렀지만, 거진항에 도착해 이곳저곳을 살펴보다 보니 해는 이미 떠 있었다. 배가 들어오는 입구는 방파제가 양쪽에서 뻗어 나와 두 팔로 감싸는 것처럼 거진항을 두르고 있다. 두 방파제 끝에는 빨갛고 하얀 작은 등대가 서서 배들에 방향을 알려주고 있다. 혹시나 하는 마음에 이 등대들에 가보았지만 역시 무인 등대였다. 과연 등대지기를 만날 수 있을까.

고깃배에서 어부들이 내린 물고기들로 항구는 들썩거린다. 수많은 사람이 저마다 바삐 손발을 놀려 고기를 내리고, 옮기고, 쌓고 있다. 항구로 들어오는 배가 바다에 그리는 흰색 선들이 어지럽다. 역시 항구에는 생명력이 넘친다. 원래 거진항은 명태로 유명했던 곳이라고 한다. 이곳에서 자주 볼 수 있는 '명태 서거리', '명란 식혜' 등의 음식을 보면 확실하다. 하지만 기후변화 때문인지 이제는 명태를 보기가 힘들며, 조업량도 턱없이 줄었다고 한다. 지금도 이렇게 시끌벅적한데 수많은 명태를 잡던 예전에는 어땠을까.

사람들은 자취를 감춘 명태를 되살리고자 노력하고 있다. 동해수산연구소와 강원도해양심층수수산자원센터, 그리고 강릉원주대는 동해에 명태를 되돌리기 위해 함께 땀방울을 흘리고 있다. 명태가 사라진 것이 기후변화 때문인지, 노가리의 남획 때문인지는 그리 중요하지 않을지도 모른다. 원인이 무엇이든 사람이 그 책임에서 벗어날 수는 없기 때문이다. 그렇기에 동해 명태를 살리기 위한 해양자원의 개발도 필요하지만, 그보다 중요한 것은 자연환경에 대한 사람들의 책임 있는 행동이 있어야 한다는 사실이다. 그래도 인공수정으로 부화시킨 명태 치어를 계속해서 방류하고 있으니 시간은 오래 걸릴지라도 언젠가는 이런 노력이 열매를 맺을 것이다.

이곳 뱃사람들의 말로는 명태가 잡히는 곳이 예전보다 위로 올라갔다고 한다. 하지만 그곳은 보이지 않는 분단의 선으로 가로막혀 갈 수 없는 곳이다. 듣고 있자니 왠지 입맛이 쓰다. 해방 전에는 정어리가 많이 잡혀 일제강점기 때 정어리 처리 공장이 세 곳이나 있을 정도였지만 해방 후 정어리를 찾아볼 수 없게 되었다고 한다. 대신 근래에는 전복, 해삼, 멍게, 문어, 광어 같은 해산물이 많이 난다. 모두 갯벌 내음을 좋아하는 사람들이라면 입에 군침이 돌게 하는 생물들이다.

거진항의 아침 잡아올린 생선 비린내가 가득하다.

거진등대

　바닷냄새를 맡으며 뒤로 돌아서려는데 산 위에서 빛줄기가 뻗어 나온다. 등대
다. 방파제에 있던 등대는 단지 안전 신호용으로 만들어진 무인 등대이고, 저 산 위
에 있는 등대가 진짜라고 한다. 다음 날 아침, 왠지 모를 기대감에 바로 산을 오른
다. 산은 그리 높지 않다. 하지만 오르는 길이 조금 가파르다. 잠시 숨을 고르려고
뒤를 돌아보았더니 산 중턱에 옹기종기 자리 잡은 집들과 그 뒤로 펼쳐진 바다가
어우러져 장관을 이룬다. 잠시 지중해 바닷가를 본 것 같은 착각이 들 정도다.

　가파르던 길이 등산로로 바뀌며 다시 편안해진다. 오르는 중에는 해맞이를 할
수 있게 만들어 놓은 곳도 보인다. 길의 끝에 다다르니 넓은 잔디밭이 펼쳐져 있
다. 그리고 잔디밭의 끝에 거진등대가 우뚝 서 있다. 뭔가 아쉬움이 남는다. 파도
를 맞으며 서 있을 줄 알았던 등대가 산꼭대기에 있으니 말이다. 등대로 들어가는

문은 잠겨 있었다.

대신 등대에 붙어있는 표지판이 예전에는 등대지기가 있는 유인 등대였으나 지금은 무인 등대로 바뀌었음을 알려주고 있다. 예전에 거진등대는 어로한계선을 나타냈고, 지금은 거진항의 표지 구실을 하고 있다. 이곳에서도 등대지기는 볼 수가 없었다. 등대 반대쪽에 암벽 등반을 하는 곳이 있지만, 그곳으로 내려가기에는 무리다. 다시 등산로를 내려오며 거진항의 장관을 눈에 담는다.

황금빛 거북이 모양의 섬,
금구도와 대진등대

7번 국도를 타고 북쪽으로 향한다. 가다 보면 초도교차로를 만난다. 오른쪽으로 들어가면 옆으로 화진포가 보인다. 화진포는 바닷물이 갇힌 석호다. 풍광이 얼마나 뛰어났으면 김일성 별장, 이승만 별장이 이곳에 함께 있을까.

화진포를 치나 초도항으로 가면 금구도金龜島를 볼 수 있다. '금빛 거북이 모양의 섬'이라는데 거북이 등껍질과 머리 모양이 어슴푸레 보이는 것도 같다. 2005년 '고성문화포럼'에서 금구도가 광개토대왕의 능이라는 주장이 제기되었다. 금구도에 있는 언제 쌓았는지 모를 성벽과 주춧돌들, 그리고 일부 역사 자료에 따르면, 장수왕 3년인 414년에 광개토대왕을 이곳에 안장하였다고 한다. 이런 주장이 사실인지는 아직 분명하지 않다. 하지만 문무왕이 자신은 죽은 후에도 용이 되어 동해를 지키겠다고 하면서 동해에 안장하라고 했듯이, 한반도 북부를 호령한 광개토대왕도 죽어서까지 이곳에서 나라를 지키고자 하였을 수도 있다. 더불어 이곳을 지켜주길 바란 민중의 소망이 반영된 것으로도 볼 수 있겠다.

다시 길을 재촉해 대진등대로 향한다. 이번에는 7번 국도를 타지 않고 해안

대진항 부둣가 어느 부둣가나 그렇지만, 이곳 대진항 부둣가는 아직도 인정이 가득하다.

길을 따라 달린다. 그대로 따라가다 보면 대진항을 만난다. 대진항 수산시장에서 대진등대로 가는 길은 멀지 않다. 대진등대도 거진등대처럼 높은 곳에 있다. 비록 파도와 맞서는 등대는 아니지만 지금도 길잡이 역할을 톡톡히 하고 있다. 하지만 바로 들어가지는 않는다. 한밤중에 바다를 향해 내쏘는 불빛이 보고 싶기 때문이다.

대진항에는 소형 선박들이 주로 보인다. 그래도 항구는 항구다. 고깃배가 들어오는 시간은 한참 지났지만, 그 시끌벅적함은 아직도 남아 있다. 천천히 걸으며 요기할 곳을 찾는데 배 대는 곳 바로 앞에서 벌어진 작은 술판이 보인다. 갓 잡아 숯불에 굽고 있는 잔챙이 물고기가 그리 맛있어 보일 수 없다. 한 점 얻어먹고 싶은 마음에 다가가니 바닷바람에 얼굴이 그을린 남자들이 고개를 들어 쳐다본다. 경계의 시선을 보낼 줄 알았는데, 사내들은 크게 웃으며 이리 오라 손짓한다. 무슨 고기인지 모르겠다. 하지만 그 맛은 이루 형언할 수 없이 달콤하다. 바닷사람들과 함께 하는 술 한잔 때문일까.

항구 뒤편으로는 대진항 수산시장이 있다. 건물을 크게 지어 많은 상점이 한 번에 자리 잡을 수 있도록 정비해 놓았다. 푸짐한 인심으로 막걸리까지 얻어먹었지만, 이곳에서 펄떡이는 물고기들을 눈으로 보고 있자니 다시금 입맛이 돈다. 줄지어 늘어선 횟집 중 하나로 들어가 활어회를 청해본다. 항구 바로 옆에서 바다를 바라보고 앉았다. 주인은 갓 잡은 물고기를 손질해서 내어왔는데, 회의 맛은 말로 표현하기 쉽지 않았다.

기다리던 밤이 되었다. 대진등대에서 빛을 쏘고 있다. 불빛에 끌려가는 불나방처럼 내 발걸음이 그곳으로 향했다. 야트막한 언덕에 있지만 그래도 이 근처에서는 꽤 높은 곳이다. 언덕까지 가는 길은 해변 길이라 파도 소리가 끊이지 않는다. 무언가 기분이 좋다. 언덕을 올라 등대에 다다랐다. 홀로 선 등대에서 어두운 밤의 장막을 이리저리 찢으며 뻗어나가는 불빛은 괜스레 가슴을 시리게 만든다.

그렇게 바다를, 그리고 철조망이 처져있는 북쪽을 바라보는데 등 뒤에서 인기

척이 들린다. 등대지기였다. 드디어 등대지기를 만난 것이다. 등대를 지키는 사람을 가리켜 '등대지기'라고 하지만 지금에 와서 등대지기라는 표현은 실제로 이 업무를 수행하는 사람들에게 그다지 반가운 표현은 아니다. 정식 명칭인 '항로표지관리원'이 있기 때문이다. 이들은 국가고시를 통해 선발된 전문직 공무원이다.

비록 바다 한가운데서 외로이 파도를 버티며 등대를 지키는 사람은 아닐지라도, 반가운 마음에 악수를 청한다. 이것저것 묻다 보니 이 시간에 이곳에 들어오면 안 된단다. 등대에 이끌려 민폐를 끼쳤다. 비록 무단으로 들어와 본 것이지만 숙소로 돌아오는 길에 뒤돌아본 등대는 이제는 외롭지 않아 보인다.

다시 빛날 날을 꿈꾼다,
명파리 마을

DMZ 접경지역에 온 김에 더 북쪽으로 올라가 본다. 금강산 육로 관광이 성행하던 시기에는 하루에 1,000명이 넘게 찾을 정도로 활발했던 마을, 동해안 최북단 마을 명파리로 향한다. 금강산 관광이 중단된 지금 예전처럼 사람이 많지는 않겠지만 그래도 아름다운 명파해변이 있기에 기대하고 들어선 명파리. 하지만 생각과는 너무나 달랐다. 금강산로 좌우로 늘어선 음식점들, 특산물 판매점들은 거의 다 문을 닫고 있다. 사람 손길이 닿지 않은 것처럼 보이니 버려진 듯하다.

명파리는 1995년 이전까지 민통선 내에 있던 마을이었다. 정부와 군 당국 그리고 마을 사람들의 노력으로 여러 차례 검문소를 북쪽으로 이전하여 외부인의 출입이 자유로운 지금의 마을로 바뀌었다. 그러나 금강산 관광이 활발하던 명파리의 전성기는 이미 지났나 보다. 사람 사는 곳이 이리 썰렁해 보일 수 없다. 아름다운 명파해변 백사장은 철조망으로 둘러싸여 있어 다가가기 어렵다. 주민 340

—
명파리의 한 가게 앞이 휑하기만 하다.

명이 전부인 명파리 마을은 분단을 등에 지고 살아간다. 남북관계가 좋아지면 이곳도 흥하고, 그렇지 않으면 지금처럼 스산해진다. 이야기를 들어보니 남북관계가 최고로 경색되었을 때는 마을 사람 모두가 대피하는 일도 몇 차례 겪었다고한다.

  철조망으로 둘러싸여 그만큼 만의 풍경을 허락하는 명파해변을 뒤로 하고 7번 국도에 오른다. 등대를 떠올리며 그 불빛을 따라나선 여행길은 북으로 북으로가다가 명파리에서 멈추어 버렸다. 한때 잘나가던 시절에는 명파리도 불야성不夜城을 이루며 인근을 밝혔을 것이다. 하지만 그 불빛이 사라진 명파리에는 분단의무게만이 짙게 깔려 있다.

빛을 따라서 경계를 넘다

다시 이 여정의 시작이었던 가진등대의 불빛을 떠올린다. 그 불빛은 어디까지 닿을까. 명파리 너머, 휴전선 너머로 뻗어나갈 수 있을까. 명태로 유명했던 항구 마을들은 이제 명태를 잡지 않는다. 아니 명태를 잡지 못한다. 사라진 명태를 따라 북으로 올라갈 수는 없기 때문이다. 마치 명파리에서 더 나아가지 못하는 금강 산로처럼 말이다.

옛 등대들은 불을 지핀 후, 그 불로 빛을 비추었다. 그리고 등대지기는 외로이 불과 빛을 지키고 있었다. 이제 등대 불빛은 전기로 바뀌었고, 등대마다 등대지 기가 있을 필요도 없어졌다. 한 곳에서 다른 곳을 관리하기도 한다. 하지만 지금 도 등대는 자기 자리를 지키고 서서 빛을 비추고 있다. 그리고 그 불빛을 따라 수 많은 고깃배가 오고 가며, 사람들은 삶을 살아간다. 등대와 함께 살아가는 바닷가 사람들은 등대의 불빛에서 무엇을 보았을까. 감히 그 불빛 속에서 희망을 찾을 수 있다고 말하고 싶다. 그리고 그 불빛이 가로막힌 금강산로의 앞길을 비추게 될 때 를 기다린다. 등대의 불빛은 어두운 밤에 더욱 밝게 빛난다.

등대의 현대화로 알아보는 등대와 등대지기

등대를 지키는 등대지기는 사실 옛말이다. 정식으로 이들을 가리키는 명칭은 '항로표지관리원'이다. 이들의 임무는 "등대 또는 등대선의 경보등 및 신호장치를 조작해 선박의 안전 항해를 돕는" 것이다. 그래서 항로표지관리원이 되기 위해서는 항로표지기능사 이상의 자격을 갖춰야 한다. 관리원의 주 업무는 '광파표지'이다. 즉 빛을 비추어 위치를 알리는 것이다. 이는 곧 야간에 전등을 밝혀서 등대의 위치를 표시하는 작업을 지속해야 한다는 것을 말한다.

낮에는 불빛이 멀리서 보이지 않기 때문에 업무가 없으리라 생각할 수 있다. 그러나 '항로표지 원격감시제어시스템 운영센터'가 설치된 등대도 있기에 무인표지의 동작 상태를 24시간 관리해야 하는 업무도 있다. 그래서 항로표지관리원은 3명이 3교대로 8시간씩 번갈아 일한다.

등대라 하면 일반적으로 파도를 맞으며 바다로 나가 서 있으리라 생각하기 쉽다. 하지만 더 멀리 빛을 보내 먼바다에서도 위치를 확인하게 하려면 바닷가의 높은 곳에 짓는 것이 효과적이다. 그래서 동해안의 등대들은 바다에서 멀지 않은 산의 절벽이나 높은 언덕 위에 지어진 경우가 많다. 그렇다고 해서 사람들의 접근이 쉽거나 하지만은 않다. 왜냐하면 등대는 사람들을 위해서가 아니라 깊은 어둠 속을 나아가는 선박들을 위해서 지어진 것이기 때문이다. 그래서 등대가 있는 곳은 사람들이 많이 다닐 수 있는 곳이 아니거나 외진 곳인 경우가 허다하다. 그래서 항로표지관리원은 '외로운 등대지기'처럼 외로운 직업이라 하기도 한다.

그렇다고 해서 현대의 모든 등대에 항로표지관리원이 근무하지는 않는다. 예를 들어 대진등대는 최초에 무인 등대였다가 어로한계선이 북상하면서 유인 등대로 변경되었다. 대진등대가 유인화되고 '항로표지 원격감시제어시스템 운영센터'가 설치되면서 유인 등대였던 아래쪽의 거진등대는 무인 등대로 변경되었다. 등대지기가 '항로표지관리원'이라는 공식 명칭을 가지고 있듯이 등대 또한 '항로표지관리소'라는 명칭을 가지고 있다. '항로표지 원격감시제어시스템 운영센터'가 설치된 항로표지관리소는 인근의 관리소들의 항로표지를 관리하기 때문에 무인 등대도 다수 존재하는 것이다.

09

진부령과 울산바위에서
떠올린 그리운 금강산

| 진부령 – 진부령미술관 – 향로봉지구 전투전적비 – 건
봉사 등공대 – 고성산 현무암지대 – 운봉산 현무암지
대 – 울산바위

진부령, 태백산맥을 넘어가는 오래된 길
진부령미술관, 고갯마루에서 굽어보는 동해
향로봉지구 전투전적비, 치열한 격전지였던 진부령의 흔적
건봉사 등공대, 금강산 길목에서 만나는 만일의 기도
고성산·운봉산 현무암지대, 금강산이 되지 못해 울었
던 '암석 빙하'
울산바위, 금강산 가다 멈춘 '울보'산

진부령,
태백산맥을 넘어가는 오래된 길

"진부령 고갯길에 산새가 슬피 울면 / 길을 가던 나그네도 걸음을 멈추는데", 흘러간 옛 노래 「진부령 아가씨」(박건호 작사, 이호 작곡, 조미미 노래, 1974)의 노랫말처럼 진부령陳富嶺 고갯길은 이젠 낡은 흔적이 가득한 옛길로 취급 받는다. 해발 530m의 진부령은 강원도 인제군 북면과 고성군 간성읍 사이의 태백산맥을 넘는 고갯마루로서 남쪽의 대관령, 북쪽의 추가령과 함께 태백산맥의 3대 고갯길로 불린다. 요즘 노래에 비하면 음정 변화도 거의 없고 엿가락처럼 늘어지는 리듬감을 가진 그 노래는 구불구불한 길을 조심스레 오르락내리락해야 하는 진부령과 묘하게 닮았다. "구비마다 돌아가며 사연을 두고 / 말 없이 떠나가는 야속한 님아 / 아 울지마라 진부령 아가씨야" 빠른 것만이 능사인 시대에 구비구비 돌아가는 옛길이 새삼스레 정겹다.

노래 한 곡을 통해 누군가는 흘러간 추억으로 들어갈 수 있듯이 한적해진 옛길을 통해 희미해진, 그러나 여전히 우리 앞에 현전하는 것들을 생각한다. 나이 지긋한 이들의 추억만 남은 것 같은, 오래된 길이어도 진부령은 아직 진부하지 않다.

인간 문명이 기술 발전을 거듭하며, 더 먼 거리를 점점 더 곧고 빠르게 달릴 수 있게 되었지만, 그만큼 다른 많은 것들도 놓고 오거나 잃어버리지 않았던가. 서울양양고속도로에서 태백산맥을 관통하는 직선 10.965km의 인제양양터널을 시속 100km의 제한속도로 통과해야만 하는 길은 쾌속하지만, 연신 하품이 나올 만큼 지루한 것도 사실이다. 반면, 진부령 고갯길은 답답하고 위험해 보일지언정 여전히 고성군 북부를 드나드는 중요한 관문이자, 바퀴 달린 말을 타고 다니는 나그네들의 쉼터 느낌을 준다.

느리게 돌아가는 진부령 고갯길은 미시령터널에 이어 서울양양고속도로가 개

진부령 정상표지석

통된 이후에도 남북을 오가는 옛길이자, 끊어진 길을 다시 잇는 미래의 상상력으로서 그 빛은 여전히 쇠하지 않고 있다. 이 길은 양구의 두타연과 더불어 조선 시대에 금강산 유람을 떠났던 사람들이 서울로 돌아갈 때 걸어갔던 지름길이기도 했다. 몇 겹의 철책선들이 가려버린 우리의 시야를 넓혀보면, 진부령은 서울에서 육로를 통해 해금강으로 곧장 들어갈 수 있는 태백산맥의 평화 통로라고 할 수 있. 폐쇄회로 같던 그 길의 끝이 다른 길과 연결될 때 그 말단은 막힌 '벽'에서 열린 '교차로'가 된다.

'강원평화지역 국가지질공원'도 마찬가지다. 이 공원 아닌 공원은, 정부가 지난 2014년 강원도 DMZ 접경지역에 산재한 다양한 지형의 발달 과정을 보여주는 지질학적 공간에 내포된 생태적·경관적 가치에 주목하면서 만들어졌다. 이 '국가지질공원'은 DMZ와 마주한 철원–화천–양구–인제–고성에 걸쳐 있는 총 21개의 지질 유산 자원들을 선으로 이은 공간이다. 고성군에는 '화진포', '송지호 해안', '고성 제3기 현무암 지대', '능파대', '진부령' 등 다섯 개가 포함되어 있다. 이 특별한 다섯 지역의 지질적 특이성에 주목한다면, 그리고 그 자연경관이 인간의 생활문화와 주고받은 상호 영향을 살펴본다면, 항구들 외엔 그리 주목받지 못했던 강원도 고성 여행의 색다른 풍경으로 들어갈 수 있을 것이다.

그런데 '강원평화지역'이라니, 생각해보면 그 명칭도 놀랍다. 2014년이면 남북이 최악의 상황으로 단절되어 있던 시기인데 단순히 접경지역이라 치부하지 않고, '평화지역'이라고 명명한 것은 미래에 대한 희망일까. 4년 뒤를 느긋하게 예견한 선견지명일까. 그 선정된 곳들을 살펴보면, 지질학적 명소들이라고 해서 보이지 않는 지하 암석층의 별천지만을 다룬다거나 까마득한 태고의 시간성만 고려한 것이 아니다. 기대감 없이 느긋하게 걸어볼 사람들에겐 특별하지 않은 익숙한 풍경에서 신비로운 탄성이 나오게 만들고, 열린 대지에서 편안한 자연의 품속을 선사하는 곳들이다.

진부령미술관,
고갯마루에서 굽어보는 동해

인제에서 고성으로 넘어가는 길, 진부령 정상부에 주둔하는 군부대 옆으로 '진부령미술관' 건물이 보인다. 완만한 오르막길을 올라왔으니 꽤 큰 규모의 건물이 정상부에 서 있어도 그리 낯선 풍경은 아니다. 미술관 맞은편 고갯마루에는 진부령 정상을 지키는 반달곰 동상과 '530m'라는 숫자가 새겨진 정상 표지석이 서 있다. 한국에서 제일 높은 빌딩인 잠실의 어느 회사 건물보다는 낮지만, 올라온 길과 달리, '소똥령마을'을 거쳐 이제 해발 0m의 동해로 가는 내리막길에선 저 530이라는 숫자가 아주 가파른 고개 높이로 보일 것이다.

진부령을 제외한 고성 지역 국가지질공원의 나머지 네 장소는 모두 동해의 파랑波浪 작용에 직·간접적으로 영향을 받아 형성된 곳들이다. 여기서 파랑은 바람이 불 때 일어나는 바다의 파도를 아울러 가리키는데 '풍랑', '너울', '연안 쇄파' 등 다양한 규모와 형태로 나뉜다. 이에 비해 백두대간의 핵심 줄기인 태백산맥에서 움푹 팬 능선 중 가장 북쪽에 있는 진부령은 지질 유산 분류법으로 크게 나누자면 유수流水 작용으로 생성된 지형이다.

놀랍게도 이곳은 1만2,000개의 봉우리들을 아우르는 거대한 산군山群, 즉 금강산金剛山 봉우리들이 북동 방향으로 일제히 일어서기 시작하는 지점에 해당한다. 진부령은 금강산 남쪽 제2봉이자 '인제 8경'의 하나로서 겨울 설경이 아름다

진부령미술관

운 해발 1,052m인 마산봉과 해발 1,172m인 칠절봉을 연결하는 산줄기 사이에 난 얕은 고갯길이다. 그렇다. 금강산은 우리 마음속에 있는 '장벽'과 달리 이미 남쪽 땅에서 꿈틀거리며 솟아오르기 시작한다.

향로봉지구 전투전적비,
치열한 격전지였던 진부령의 흔적

진부령 정상은 켜켜이 쌓인 지층이 드러나는 주변의 수직 절벽과 대비되는 고위평탄면을 잘 보여준다. 남쪽 최북단 최저고도 고개인 진부령은 비교적 낮은 정상부에 평탄면이 발달한 교통로이자, 언제든 쉽게 가서 볼 수 있는 '지질학 체험

학습장'이다. 이곳은 백악기 이후 만들어진 침식평탄면이 점차 융기하면서 함께
상승하여 형성되었다. 진부령 부근의 절벽과 바위들은 이러한 길고 좁은 띠 형태
로 솟아오른 태백산맥의 지질학적 특성을 잘 보여준다.

  원래 오랫동안 침식을 받아 전반적으로 낮고 편평한 지형이었던 한반도가 단
층斷層과 요곡撓曲 운동으로 인해 북동쪽 산세만 크게 융기되어 험한 산지를 이룬
것을 눈으로 쉽게 확인할 수 있는 지역이기 때문이다. 그래서 융기 이전에 형성
된 평탄한 면은 오늘날 백두대간을 구성하는 각 봉우리의 기본 암석과 지층의 형
태를 결정지었다. 이러한 지형적 특이성으로 인해 예부터 관동지방과 영서지방을
이었던 중요 교통로인 진부령은 한국전쟁 당시 적에게 빼앗길 수 없는 군사요충
지이자 치열한 격전지가 될 수밖에 없었다. 진부령미술관 옆쪽으로 조금 올라가
다 보면 그 당시를 기억하는 '향로봉 전투전적비'를 만날 수 있는 것도 이 때문이

다. 또한 진부령 정상은 칠절봉을 거쳐 민통선 구역 안쪽 비무장지대에 있는 향로봉으로 들어가는 관문이기도 하다.

황태로 유명한 인제 용대리에서 시작하는 진부령의 고갯길은 약 16㎞에 이르는데, 좁고 거친 비포장도로였던 이 길은 1981년에 46번 국도로 승격되고 1984년에야 2차선 확장공사 및 포장공사를 마쳤다. 내륙에서 넘어갈 때는 완만했지만 여름의 폭우나 겨울의 폭설로 인해 통제되기 일쑤였던 이 사연 많고 추억 많은 고갯길은 포장된 이후에도 운전자를 잔뜩 긴장하게 만드는 험난한 길이었다. 수억 년의 지층 위에 놓인 잿마루에 올라서자 저 아래로 구곡양장九曲羊腸 고갯길이 울창한 숲과 함께 저 멀리 동해까지 굽어 보인다. 순간, 여기 서서 잠시 가쁜 숨을 고르며 쉬어 갔을 역사 저편의 수많은 사람의 발소리도 들려오는 듯하다.

건봉사 등공대,
금강산 길목에서 만나는 만일의 기도

진부령에서 내려가는 금강산 가는 길은 건봉사乾鳳寺로 이어진다. 건봉사는 1,500년 전 법흥왕 7년인 520년에 아도阿道가 창건하고 신라 경덕왕 17년인 758년에 발징發徵이 중건한 유서 깊은 사찰로 진부령에서 내려갈 때는 아직 군부대 검문을 통과하여 들어간다. 특히 경내에서 등공대騰空臺로 올라가는 길은 '해탈의 길'로 이름 붙여진 한반도 불교의 성지이다. 건봉사에 단체 사전예약을 하면 방문 가능한 민간인출입통제구역인 등공대는 북녘 금강산으로 이어지는 산줄기를 굽어볼 수 있다. 오늘날 직접 걸어볼 수 있는 690km의 백두대간 종주는 지리산 천왕봉에서 시작해 진부령에서 끝나지만 산길은 한 번도 끊기지 않고 북으로 뻗어나간다.

이 등공대는 신라 말기 경덕왕 당시 '염불만일회念佛萬日會'가 처음 거행되었다고 알려진 전설적인 공간이다. '등공'이란 살아있는 육신이 허공으로 날아오르며 몸에서 해탈된 영혼이 부처님의 연화세계로 들어가는 것을 이르는 불교 용어이다. 이 등공의 전설이 담긴 염불만일회는 만일萬日 즉, 거의 28년에 이르는 시간 동안 계속 이어지는 법회로 수도승과 신도들이 마음을 모아 염불을 외며 살아있는 모든 존재들의 평안과 죽은 존재들의 극락왕생을 기원한다. 758년 중건과 함께 정신貞信·양순良順을 중심으로 처음 시작된 염불만일회는 신라 원성왕 3년인 787년 끝났는데, 당시 참여했던 31명이 아미타불의 가피를 입어 하늘로 올라가 극락정토에서 다시 태어났으며 그 뒤로 참여했던 신도들도 모두 극락왕생했다고 전해진다.

고성산·운봉산 현무암지대,
금강산이 되지 못해 울었던 '암석 빙하'

건봉사에서 동해 방향으로 내려오면 토성면에서 지질학적 특별함을 간직한 강원평화지역 국가지질공원 두 곳을 돌아볼 수 있다. 지질공원으로 지정되지 않았다면 일반인들에게 알려지지 않았을 이 작은 산봉우리들은 지질학적으로 가장 최근 시기에 해당하는 신생대 제3기의 빙하기에 생성된 현무암 지대의 특성을 고스란히 보여주는 곳들이다. 고성산과 운봉산 아래 기반암은 화강암인데 토성면에서 간성면에 걸쳐 지하에 있던 마그마에서 분출된 용암은 멀리 퍼지지 못하고 지표면에서 그대로 굳어서 제주도의 '오름'처럼 작은 봉우리를 이루었다. 즉 비교적 작은 폭발력으로 분출한 용암이 크지 않은 면적에 솟아오른 지형인 것이다. 지표면 아래 얕은 곳에서 식은 현무암 주상절리는 침식과 풍화 작용을 거치며 물고기

비늘처럼 얇게 떨어져 나가며 빙하기의 얼음과 함께 비탈면에 미끄러졌다.

그래서 탐방객들이 고성산과 운봉산에서 마주하는 엄청난 양의 돌무더기는 현무암 바위가 물처럼 흘러내리듯 펼쳐져 있는 독특한 쇄설암碎屑巖 지형이다. 이 두 산은 다른 접경지역인 철원의 한탄강 상류나 연천·파주의 임진강 유역에서나 볼 수 있는 주상절리 형태의 화산 지형을 동해안 인근 내륙 산악지형에서도 볼 수 있는 희귀한 곳이다. 봉우리가 높지 않지만 평탄한 주변 마을 사이로 솟아난 것처럼 보이는 산세와 곳곳에 삐죽삐죽 솟아난 기괴한 바위 형상, 그리고 표면에 드러난 독특한 암석층이 예사롭지 않다. 금강산의 기암괴석을 연상시키는 운봉산의 돌무더기는 그 이름의 유래와 관련해 재미난 전설이 전해진다. 스스로 금강산이 되려고 여기저기서 돌을 모아 산처럼 쌓고 있던 이 봉우리는 저 북쪽에 거대한 금강산이 만들어졌다는 소식을 듣고 슬프고 분한 마음에 엉엉 우는 소리가 사람들에게 들렸고, 그때부터 이 봉우리는 '운봉산'이라 불렸다고 한다.

울산바위,
금강산 가다 멈춘 '울보'산

속초와 고성 사이의 설악산 줄기에 병풍을 두른 듯 우뚝 솟아 있는 해발 873m, 둘레 4km의 울산바위는 아시아에서 가장 큰 돌산으로 알려져 있으며, 하나의 거대한 화강암 덩어리라는 점에서 경이롭기까지 하다. 주변 산세를 압도하며 솟아난 듯한 울산바위의 풍모엔 어느 각도나 어떤 날씨에서 바라보든지 육중하고 웅장한 기품이 있다. 이 거대한 수직의 기암괴석奇巖怪石이 자신을 올려다보는 인간에게 주는 아름다움과 신비로움의 정체를 헤아려보려면 무엇보다 주변과 판이한 이 바위의 지질학적 기원을 살펴야 한다.

울산바위(ⓒ 강원도청, 한국문화정보원)

설악산은 중생대에 관입貫入한, 즉 꿰뚫어 들어간 대보화강암에 의해 만들어진 우리나라에서 가장 고도가 높은 암산巖山이다. 울산바위는 이 화강암의 잘린 면을 따라 발생한 차별침식과 풍화 작용을 통해 주변과 달리 도드라지게 되었다. 이 바위는 주변 암석보다 밀도가 낮아 오히려 풍화를 견뎌낼 수 있었는데 이런 화강암체 덩어리 지형을 '보른하르트(bornhart)'라 부른다. 울산바위 아래에 있는 계조암과 흔들바위 등에서는 미세한 풍화 작용이 진행되어 발생하는 무수한 구멍들인 타포니(tafoni)와 토어(tor) 같은 현상도 볼 수 있다.

울산바위는 지금은 폐업한 미시령휴게소 울산바위전망대에서 볼 때 화사한 얼굴 전체를 보여줬지만, 멀리서 조망이 가능한 인근 지역에선 보는 방향에 따라 다채로운 모습을 드러낸다. 해가 뜰 때는 빛이 뿜어내는 다채로운 색감을 반사하고, 해가 질 때는 점점 커지는 검은 실루엣으로 압박하며 설악산에 어둠을 내려앉힌다. 비가 온 후나 여름엔 동해에서 날아온 자욱한 구름과 운해雲海가 울산바위 허리춤에 휘감기면서 그 자체로 선경仙境을 이룬다.

올려다보는 것도 아름답고 기이했지만 예부터 사람들은 사방이 아찔한 이 절벽에 오르려 했다. 2013년에 정비한 철제계단을 통해 올라가면 크게는 여섯 개, 작게는 서른 여 개의 작은 봉우리들이 뭉쳐진 형상이 또렷이 보인다. 정상부에는 항아리 모양의 구멍 다섯 개가 뚫려 있으며, 정상에서의 전망은 그 어디보다 호쾌하다. 설악산의 주봉들인 대청봉과 중청봉이 손에 잡힐 듯 펼쳐지고 천불동계곡, 화채능선, 서북주릉을 아우르는 조망이 장관을 이루며, 동해의 푸른 바다색이 넘실대고 속초 시내의 웅성거림이 훤히 보인다.

이 봉우리의 이름 유래는 크게 세 가지로 전해진다. 먼저 설악산을 '울타리'처럼 감싸 안으며 하나의 봉우리가 되어 아래를 굽어본다고 생각했다는 점에서 울산蔚山 또는 이산離山으로 불렸다는 시각과 관련된 설이 있다. 특히 운해를 막아선 울산바위의 모습이 마치 큰 울타리가 산 위에 둘러쳐져 있는 것 같기 때문이다. 두 번째로는 경상도 '울산蔚山'에 있던 바위가 금강산으로 가다가 잠깐 쉬는 도중 이 자리에 그대로 멈춰버렸다는 전설에서 유래했다는 이야기로 조선 시대 서지자료에서 이 한자를 쓰고 있다. 마지막으로 바위를 휘돌아 나오는 거친 바람 소리가 마치 바위의 울음소리 같다고 한 데서 유래한 천후산天吼山이라고도 불렸으며, 여기서 '우는 산'이란 의미의 울산이라는 이름이 나왔다는 청각과 관련된 설이 있다.

울산바위라는 이름의 유래에 관한 어떤 설이 더 우세하다기보단 이것이 사람들에게 주고 다가오는 다채로운 감성을 담아냈다고 볼 수 있다. 압도적인 위용을 자랑하는 울산바위가 설악산과 동해를 굽어보며 사람들에게 주었던 든든한 수호신으로서의 느낌은 세월이 흘러도 여전할 것이기 때문이다. 그와 더불어 울산바위를 올려다보는 사람들은 금강산에 가서 다른 높다란 돌산들과 키재기를 하지 못해 흐느껴 우는 거대한 짐승으로서의 이미지도 갖고 있으리라.

'운봉산 현무암지대' 빙하기 지질유산 탐방

강원평화지역 국가지질공원 중 하나인 운봉산은 어마어마한 규모로 산비탈에 쌓여있는 돌무더기로 유명한 해발 285m의 나지막한 산이다. 산세가 주변과 이어지지 않고 홀로 솟은 이 산의 암괴류는 지역에서 '너덜' 또는 '애추'라고 불린다. 암괴巖塊는 불규칙한 모양의 큰 돌을 가리키며 그런 돌무더기를 암괴류라고 한다. 그런데 이 돌무더기는 동해안의 석호를 만들었던 시기처럼 빙하기가 남긴 '암석빙하'라는 지질유산이라는 점에서 예사롭지 않다.

마을 안쪽에 있는 군부대 주변 등산로를 올라가면 위에서 흘러내리고 있는듯

운봉산의 돌무더기를 산 아래에서 올려다 본 모습

운봉산의 너덜바위

한 돌무더기의 장관이 펼쳐진다. 다양한 현무암 돌무더기는 상부로 올라갈수록 육각기둥 모양의 주상절리柱狀節理가 원형을 간직한 채 묻혀 있다. 운봉산의 여러 경사면에는 4~5개의 암괴류가 있는데, 700만 년 전 원래 지반인 화강암을 뚫고 폭발한 마그마가 지표면을 완전히 뚫고 용암으로 분출되지 않으면서 형성되었다. 즉 운봉산 현무암지대는 흔히 말하는 화산분출의 형태가 아니라 마그마가 얕은 땅 밑에서 빠른 속도로 식으며 생성된 주상절리가 지표면에 노출되어 침식되고 부서지면서 만들어진 지질자원이다. 그런데 이처럼 돌무더기가 일정하게 흘러내리듯이 쌓여있는 것은 빙하기에 침식된 돌 밑에 얼음이 얼면서 산비탈을 흘러내리는 얼음과 함께 돌이 미끄러졌기 때문이다.

10 _____

탐욕을 부르는 아름다움,
권력이 사랑한 화진포

| 이승만 별장 – 이기붕 별장 – 화진포의 성

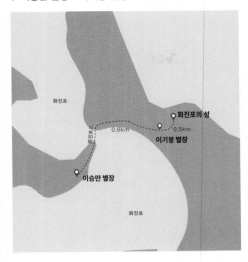

모든 것을 가지려 한 권력자의 공간, 이승만 별장
절대권력에 기생한 2인자의 공간, 이기붕 별장
분단의 적대가 만든 공간, 화진포의 성

_____ 한반도를 일컬어 금수강산錦繡江山이라 한다. 말 그대로 한반도가 '비단으로 수놓은 강과 산'으로 이루어진 것처럼 아름답다는 찬사의 표현이다. 우리가 사는 한반도의 자연풍광은 이렇게 아름 답다. 서해는 서해대로, 동해는 동해대로, 산과 들은 산과 들대로, 강과 평야는 강과 평야대로 나름의 멋과 아름다움을 담고 있다. 이런 한반도의 등허리를 이루고 있는 것이 백두대간이다. 그 장대한 줄기 의 허리가 바로 강원도 고성이다. 고성에 가면 백두대간의 웅장함과 동해 일출의 밝은 빛, 그리고 수려 하게 흐르고 있는 강을 모두 볼 수 있다. 금강산, 설악산, 오대산으로 이어지는 산맥은 한반도의 수많은 산 중에서도 으뜸이라 하겠다.

_____ 하지만 이처럼 동해를 내려다보는 백두대간의 산들 못지않게 그 아름다움을 뽐내는 것이 있다. 바로 고성이라는 공간 그 자체이다. 멀리 수평선이 보이는 바다와 깎아지른 듯 바다와 접해 있는 땅 의 다채로움은 그 무엇과도 비교할 수 없는 절경이다. 동해의 거센 물결에 깎이면서도 버티고 서 있는 바위들, 바다를 향해 흐르는 강들과 길게 뻗은 모래사장, 절묘하게 푸른 바다와 어우러진 해안선 등 강 원도는 백두대간과 어우러진 동해의 비경을 간직하고 있다.

_____ 특히 고성 화진포는 땅과 바다가 서로를 내어주며 어우러진 대표적인 곳 중 하나이다. 그래 서였을까. 화진포의 아름다움 위로 마치 장막이 덮이듯 권력의 그림자가 드리웠다. 수많은 권력자가 이곳을 오직 자신만이 누릴 수 있는 공간으로 만들고자 했다. 권력은 그 어떠한 것도 다른 사람과 나누 지 않는다. 권력은 생래적으로 모든 것을 독점하고자 하기 때문이다. 고성의 아름다움이 너무나 뛰어 났기에 세상의 모든 것을 차지하고자 하는 사람들의 이목을 끌었다.

_____ 화진포의 아름다움은 땅과 바다의 조화에서 비롯된다. 화진포는 지리학적으로 석호潟湖 (lagoon)로 분류된다. 개펄 석潟자와 호수 호湖자로 이루어진 석호는 말 그대로 '개펄-호수'다. 바다로 흘러드는 개천 하류에 모래가 쌓여 만들어진 호수다. 그래서 석호는 내륙의 강이나 하천에서 만들어진 호수와 근본적으로 다르다. 땅에 존재하는 강인 '호수'로 불리지만 다른 호수처럼 민물 호수가 아니라 해수와 담수가 섞인 갯물-호수다. 그렇기에 화진포는 바닷물과 땅의 물이 서로 어우러지는 남다른 자 연생태를 만들어낸다.

_____ 석호의 이런 독특함은 아름다움을 자아낼 수도 있지만, 한편으로 이곳에 터전을 잡고 농 사를 지으며 살아가는 사람들에게는 그다지 이득이 되지 않았다. 육지의 작물들은 해수가 섞여 바닷물 보다는 염도가 낮고 민물보다는 염도가 높은 '기수汽水'를 감당할 수 없었기 때문이다.

모든 것을 가지려 한 권력자의 공간,
이승만 별장

'갯벌–호수' 화진포 호수의 물은 농사를 짓고 사는 사람들에게는 별 쓸모가 없다. 하지만 화진포의 풍광은 너무나 아름다웠다. 절경을 마주하게 되면 그곳에 머무르고 싶어지는 것은 인지상정이다. 그렇기에 사람들은 절경을 만나기 위해 여행을 떠나는 것인지도 모른다. 하지만 권력을 가진 자들은 생각하는 방식이 조금 달랐다. 이런 절경을 소유하고자 했다. 자연적인 공간에 잠시 머물며 어우러지는 것이 아니라 온전히 자신만의 공간으로 독점하고자 한 것이다. 민초들은 매일같이 자연으로 들어가 생산 활동을 한다. 하지만 권력자는 그들의 권력을 바탕으로 민초들의 생산에 기생한다. 민초들이 자연을 빌린다면, 권력자는 자연을 소유하고자 한다.

권력은 많은 것을 가졌으면서도 '나눔'에 인색하다. 권력자들로 인해 화진포는 민간인이 들어올 수 없는 공간이 되었다. 철책으로 외부와 차단한 채 누구의 출입도 허용하지 않았던 화진포의 콘도를 자유롭게 이용할 수 있었던 자들은 철책선 안에 있는 화진포의 해수욕장 모래사장에 앉아 바다를 바라보면 무슨 생각을 하였을까?

아름다운 자연인 화진포를 소유하였다는 사실은 권력자가 자신이 매우 '특별한 존재'임을 입증하는 증거였을 것이다. 이런 시각에 편승하는 순간 권력의 공간은 사람들에게 부정不正義의 징표가 아니라 오히려 부러움의 대상이 된다. 이승만 별장, 이기붕 별장들이 그러하다.

이승만李承晩은 대한민국 임시정부의 초대 대통령이자 대한민국 초대 대통령이다. 하지만 그는 두 번이나 '탄핵彈劾' 당했던 대통령이기도 하다. 1925년 미국 대통령에게 국제연맹에 의한 '신탁통치'를 요청한 사실이 알려져 임시정부에서

이승만 별장

탄핵당하였다. 그리고 1960년에는 네 번째 대통령이 되고자 감행하였던 부정선거가 드러나면서 '4·19혁명'에 의해 물러났다.

1925년 미국에 신탁통치를 요청했던 이승만은 1945년 하와이에서 귀국한 이후, 친일 정치인들의 집합소였던 한민당과 손을 잡았다. 그리고 이전에는 그가 스스로 요청했던 신탁통치이지만 이때에는 신탁통치에 반대하는 운동의 주창자가 되었다. 또한, 신탁통치를 소련과 좌익의 음모로 밀어붙이면서 단독정부의 지도자로 자신을 위치시켰다.

하지만 그렇게 단독정부의 대통령이 된 그는 북진통일을 이야기하다가 오히려 침략을 당했고, 미리 대전으로 몸을 피한 상태에서 '서울은 안전할 것'이라 해석될 수 있는 연설을 송출했다. 서울 시민들은 대통령이 서울에서 방송하고 있는 것으로 생각하고 안심했지만, 다음날 서울 시민이 피난할 수 있는 길인 한강철교를 폭파했다. 그랬던 그가 UN군의 개입으로 되찾은 이 땅으로 돌아와 한 것은 자신만이 누릴 수 있는 별장을 세우는 것이었다.

1953년 휴전협정 체결 이후, 그는 화진포가 내려다보이는 곳에 자신만의 별장을 세웠다. 1954년의 일이다. 이 공간은 오로지 그 혼자만이

이승만 별장의 이 조석은 무엇을 보여주는 것일까

화진포를 독점하겠다는 듯이 그렇게 오만하게 들어섰다. 하지만 세 번에 걸쳐 불법적으로 개헌하고 부정선거가 가능하게 한 그의 권력욕은 이에 대항하여 일어선 학생들에 의해 무너지게 되었다.

그런데도 그는 결코 곱게 물러나지 않았다. 인간의 욕심 중에 가장 무서운 것이 권력에 대한 욕심이기 때문일까. 그는 군대를 동원하여 어린 학생들을 향해 발포를 명령했고, 젊은 청춘들은 피지도 못한 채 유명을 달리했다. 저항은 들불처럼 번졌고 그는 전국민적 분노를 이기지 못하고 권좌에서 내려와야 했다. 그는 하야 이후, 그가 원래 살았던 하와이로 망명하였으며 그곳에서 죽음을 맞이했다.

권력의 공간은 권력자와 운명을 같이 한다. 이승만의 하야와 함께 이승만 별장은 방치되었다. 그러다가 1997년 7월 육군이 이곳을 복원했고 현재와 같은 별장의 형태를 갖추기 시작했다. 복원된 별장이라는 공간 속에서 이승만은 여전히 독립운동가이자 대한민국의 초대 대통령으로 그려지고 있다. 임시정부에서 탄핵을 당한 대통령이자 부정선거에 저항하는 젊은 학생들을 죽음으로 몰아넣었던 대통령, 국민에 의해 쫓겨난 대통령 이승만은 존재하지 않는다. 그곳에는 민낯의 '이승만'을 찾을 수 없다. 어떻게 이것이 가능할까? 북에 맞서 싸운 '반공反共'의 행적들이 불의하면서도 무책임한 권력자로서 이승만을 지워버렸기 때문이다.

절대권력에 기생한 2인자의 공간,
이기붕 별장

이승만 별장을 찾는 사람들도, 이기붕 별장을 찾는 사람들도 이곳에서 권력자의 탐욕을 비난하지 않는다. 대신에 그들은 이곳에서 박사 이승만에 대한 향수와 2인자 이기붕의 불운한 가족사에 대한 입담을 과시할 뿐이다. 이기붕 별장은 1920년대에 외국인 선교사들이 건립했다. 이기붕 일족이 자신들의 거처로 사용했던 건물이다.

하지만 이기붕의 아내 박마리아가 인근 대진읍에 있었던 대진교회를 다니면서 선교사들의 거처였던 건물은 이기붕 일가의 별장이 되었다. 이승만 별장이 화진포 전체가 내려다보이는 야산 중턱에 자리를 잡고 있다면, 이기붕 별장은 화진포 해변과 화진포 호수 사이에 존재하는 소나무 숲에 위치해 바다를 등지고 호수를 바라보고 있다.

이기붕은 해방 이후 이승만의 비서를 지냈고, 1948년 이승만이 초대 대통령이 되자 그 이듬해 서울특별시 시장에 임명되었다. 1951년 국방부 장관에 임명되었고, 대통령 이승만의 지시를 받들어 이범석李範奭과 함께 자유당을 창당했으며 이승만의 종신집권을 위해 그 유명한 '사사오입'을 강행했다. 또한, 1960년 3월 15일 대통령 선거 때 부정선거를 감행했고 부통령에 당선되었다. 하지만 4·19혁명이 일어나자 부통령을 사임할 수밖에 없었다. 이승만 대통령의 하야 이후 4월 28일 경무대 36호실에 피신해 있던 이기붕의 일가족은 총격과 함께 모두 죽음을 맞이했다.

이기붕 일가의 죽음과 관련하여서는 여러 이야기가 전해진다. 이기붕의 맏아들 이강석李康石이 부모를 쏴 죽이고 그도 스스로 목숨을 끊었다는 설에서부터 시작하여 이기붕 가족들이 자살을 선택했다는 집단 자살설, 나아가 의문의 타살설

—
이기붕 별장 전경

까지 이어진다. 물론 아직도 이에 대한 정확한 진실이 밝혀진 것은 아니다. 그런데도 이와 같은 이야기들은 세간의 사람들에게 진실처럼 여겨지곤 했다. 특히, 이기붕의 장남 이강석과 얽힌 이야기는 큰 화제가 되었다. 사람들이 진실인지 알 수 없는 이야기에 주목했던 이유는 이승만의 비위를 맞춰 2인자로서 권력의 달콤함에 젖어있던 이기붕을 좋지 않게 보았기 때문일지도 모른다.

　　1957년 이승만의 여든세 번째 생일날, 이기붕은 그의 맏아들 이강석을 이승만의 양자로 입적시켰다. 이승만은 프란체스카 도너와 결혼하기 전에 다른 여자와의 사이에 아들을 두었으나 일찍 죽어 그 이후 자식을 얻지 못했다. 이승만은 옛 조선의 영광을 그리며 스스로 이씨 왕가의 후예를 자처했다. 이기붕은 그러한 이승만에게 자기 아들을 바침으로써 사실상 이승만의 공식적인 후계자로 올라섬과 동시에 거대한 권력을 가질 수 있게 되었다.

이기붕 별장

　　세상 사람들은 이강석을 아버지의 권력욕에 희생된 비운의 인물처럼 그리곤
했다. 그런데 이승만과 이기붕의 관계에서 이강석을 이러한 위치에 놓으면 이기
붕의 불의와 비리가 강조될 뿐 이승만의 부정의함은 감추어진다. 아마도 한국 최
초의 미국 박사라는 이승만에 대한 향수 때문에 이기붕에게 모든 책임을 떠넘기
려는 심리에서 비롯된 것일지도 모르겠다. 하지만 중요한 것은 이승만이 이씨 왕
조의 혈통이라는 봉건 군주의 환상체계를 다시 만들어낼 정도로 권력욕이 강했
기 때문에 당시 법적으로 금지되어 있었던 양자 입적을 했다는 점이다.

이강석 또한 마찬가지다. 그는 당시 민의원 의장이었던 이기붕이라는 뒷배로 서울대학교 법과대학에 입학했는데, 이에 격분한 당시 대학생들의 등교 거부로 할 수 없이 중퇴하고 육군사관학교에 편입해야 했다. 이강석 역시 이승만이라는 절대권력에 기생했던 아버지의 권력을 함께 나누었던 인물이었다. 친아버지 이기붕, 친어머니 박마리아, 동생 이강욱 등 온 가족의 죽음은 부패한 절대권력에 기생하던 2인자의 종말이었다. 부정한 권력이 자초한 결과였는지도 모른다.

분단의 적대가 만든 공간,
화진포의 성

이승만 별장은 이승만 자신이 세운 별장이라면 김일성 별장이라 불리는 '화진포의 성'은 그렇지 않다. 안보전시관이 된 이승만 별장과 이기붕 별장은 항상 화진포 해변에 있는 '김일성 별장'과 대비해서 이야기되곤 한다. 그래서 많은 사람이 '화진포의 성'을 김일성 자신이 일가족의 휴양을 위해 지은 김일성 별장이라고 생각하는 경향이 있다. 하지만 김일성 별장은 이승만 별장처럼 김일성이 만든 것이 아니다. 원래 화진포의 성은 일제강점기에 '선교사들의 휴양지'로 세워진 건축물이다.

그러나 한국전쟁으로 크게 파손되었고, 1964년 육군이 재건축한 이후, 1995년 지하 1층, 지상 2층의 석조 건물로 개·보수하여 오늘에 이르게 되었다. 애초 화진포의 성은 38선 이북에 있었기 때문에 한국전쟁 이전까지는 북에 속하는 곳이었다. 그 당시 김일성의 가족들은 이곳으로 휴가를 왔었고, 그런 사연으로 '김일성 별장'으로 불리게 되었다. 지금도 '화진포의 성'에 가면 그 당시 이곳에 휴가를 온 김일성 가족의 사진을 볼 수 있다. 김일성은 1948년부터 1950년까지 그의

화진포의 성 일부

아내 김정숙과 아들 김정일, 딸 김경희와 함께 이곳으로 휴양을 왔다. 1948년 8월에 찍은 사진 속의 김정일은 당시 여섯 살이었다. 동생 김경희, 소련군 정치사령관 레베제프 소장의 아들과 함께 김정일은 어깨동무하고 별장 입구에서 사진을 찍었다.

'화진포의 성'은 점차 권력의 공간으로 변화되어 갔으며 마치 김일성이 별장을 만든 것처럼 왜곡된 기억을 생산하게 되었다. 그리고 사람들은 '안보전시관'으로 묶인 이들 공간을 보면서 김일성 대(對) 이승만, 두 인물의 대립이라는 프리즘을 통해서 한국전쟁과 남북분단을 보기 시작했다.

화진포라는 아름다운 자연을 배경으로 만들어진 '이승만 별장', '이기붕 별장', 그리고 '김일성 별장'은 해방과 분단 그리고 한국전쟁이라는 근현대사를 모두 품고 있다. 이승만과 김일성이라는 명칭이 같은 곳에 존재하고, 이승만과 이기붕이라는 이름이 같은 곳에 존재한다는 것만으로도 많은 사람의 입에 오르내릴 수밖에 없다. 그러나 이 별장들이 권력자의 공간을 상징한다는 점에서 화진포를 다시 바라볼 필요가 있다. 그렇게 보았을 때 화진포는 분단이라는 비극을 이용하여 상호 간의 적대성을 강화해왔던 권력들을 마주할 수 있게 한다. 또한 그렇게 거대해진 권력이 가진 치부를 꺼내 보이며, 권력이 어떻게 마지막을 맞이하는지를 보여준다.

화진포의 성은 왜 '성城'이라 불릴까?

1937년 일본 제국주의 군부는 원산에 있던 외국인 선교사들의 별장 촌을 비행장 부지로 만들면서 원산 해안 남쪽으로 약 160여 킬로미터 떨어진 곳을 대체 대지로 내어놓았다. 이에 당시 휴양지 이전을 담당했던 선교사 셔우드 홀(Sherwood Hall) 박사는 독일인 건축학자 베버(H. Weber)에게 이곳의 건축을 맡겼다. 1938년 베버는 유럽풍 성城의 모습을 한 회색빛의 원통형 건물을 완성했다. 원래 그가 만든 성은 지하를 포함하여 총 3층으로 된 석조 건물이었다. 이처럼 화진포의 성은 유럽의 '성' 형태를 띠고 있기에 성이라 불렸을 것이다.

하지만 화진포 성은 단순히 성의 모양을 하고 있기 때문에만 성이라 불리는 것은 아니다. 유럽의 성은 그 지역을 소유하고 관리하는 '영주'의 것이다. 물론 성벽 등의 건축물들은 영지 전체를 방어하기 위해 지어지기도 한다. 그러나 그것은 성벽에 지나지 않는다. 성이라 불릴 수 있는 건축물은 영주가 거주하고 있는 곳, 왕이 거주하고 있는 곳 그 자체를 말한다.

단지 유럽의 경우에만 국한되는 것은 아니다. 우리 주변에서 '궁궐'이라 부르는 곳을 보면 자연스레 '왕'이 떠오른다. 바로 왕이 거주하는 곳이 궁궐이었기 때문이다. 마찬가지로 대궐 같은 집이라 불리는 건물들은 모두 권력자가 거주하는 곳이었다. 이렇게 '성'과 같은 건축물은 그 건축의 형식만으로 성이라는 이름을 갖게 되는 것이 아니다. 건축의 형식을 말함과 동시에 그 건축물을 소유하는 사람의 권력을 드러내는 상징이 된다. 즉, 성이라 불리는 건축물은 '권력자'만이 살 수 있는 곳이며, 권력자만이 가질 수 있는 건물을 말하기도 하는 것이다.

화진포의 성이 김일성 별장으로 불리고 있는 점을 생각하면 '화진포의 성'으로 부르는 이유를 더욱 선명하게 이해할 수 있다. 더불어 화진포 주변으로 이승만 별장, 이기붕 별장이 김일성 별장과 함께 있는 이 상황은, 지금은 없는 인물들임에도 그들의 권력이 화진포에 남아 서로를 견제하고 서로를 과시하는 것과 다름 없다.

화진포에 있는 또 다른 휴양시설인 '화진포 콘도' 또한 마찬가지다. 이곳은 과거 박정희-전두환 정권으로 이어지는 군사정권 시절에는 오직 군인들만이 사용할 수 있던 곳이었다. 총칼로 국민을 지배했던 그 시절, 군인들은 독재자에 대한 충성의 대가로, 이곳에 대한 독점적 권력을 누렸다. 그들은 그들이 누리는 특권을 독재자에 대한 충성의 대가가 아닌 '국가에 대한 충성'의 대가로 옷을 갈아입혔다. 스스로가 일반인들과 다른 존재라는 인증을 마치 국가가 해준 것처럼 행세했다. 이들에게 아름다운 자연인 화진포를 독점해서 누릴 수 있다는 것은 바로 그들 자신이 '특별한 존재'임을 과시하는 증거였다.

화진포를 둘러싸고 지어진 건물들은 과연 아름다운 화진포를 감상하기 위해 지어졌을까? '화진포의 성'이라는 이름을 통해서 깊이 고민해볼 문제다.

| 이미지 출처 |

본문의 사진이나 이미지 자료 중 별도의 출처표기가 없는 사진은 건국대학교 통일인문학연구단 DMZ연구팀에서 촬영 또는 그린 것임을 밝힙니다.

더불어 공공누리 유형 표기가 없는 자료들은 고성군청의 허락을 받아 게재한 것으로, 협력에 깊은 감사 인사를 전합니다.

마지막으로 저작권 권리처리된 자료제공 플랫폼인 공유마당의 자료는 원저작자를 밝히고 각 자료 밑에 공유마당으로 출처를 밝혔으며 공공누리 유형표기 및 출처는 다음의 표와 같습니다.

장번호	쪽수	사진명	출처	공공누리 유형
9	159	울산바위	강원도청, 한국문화정보원	1유형

| 건국대학교 통일인문학연구단 DMZ연구팀 소개 |

건국대학교 통일인문학연구단은 '소통, 치유, 통합의 통일인문학'과 '포스트 통일 시대의 통합적 코리아학'이라는 아젠다 연구를 수행하고 있는 인문학 분야의 유일한 통일 관련 연구소이다. 문학, 역사학, 철학 등의 인문학을 중심으로 정치학 및 북한학 등이 결합한 융복합적 통일 연구를 진행하면서 다양한 사회적 실천 사업도 진행 중이다. 또한 건국대학교 대학원 통일인문학과 및 문과대학 통일인문교육연계전공 등을 운영하면서 교육 및 후속 양성에도 힘쓰고 있다.

DMZ연구팀은 통일인문콘텐츠 개발의 일환으로 추진된 'DMZ디지털스토리텔링 연구'(2015~2016년), 'DMZ투어용 앱 개발'(2016~2019년) 등을 진행한 통일인문학연구단 산하 DMZ 분야의 전문 연구팀이다. 이 연구팀은 총 5년 동안 DMZ 접경지역을 직접 답사하면서 이 공간과 관련된 다양한 인문적 연구를 특화하여 수행했으며 다양한 원천콘텐츠를 축적했다. 이 책은 바로 이 연구팀 소속 연구진들의 지난 5년 동안의 경험을 토대로 한 답사기이다.

| 저자 소개(가나다 순) |

남경우
통일인문학/구술생애사 전공, 건국대학교 통일인문학연구단 전임연구원

박민철
한국현대철학 전공, 건국대학교 통일인문학연구단 및 대학원 통일인문학과 교수

박솔지
통일인문학/공간치유 전공, 건국대학교 통일인문학연구단 HK연구원

박영균
정치-사회철학 전공, 건국대학교 통일인문학연구단 및 대학원 통일인문학과 교수

윤태양
유가철학 전공, 성균관대학교 한국철학문화연구소 전임연구원

이의진
통일인문학 전공, 한국대학교육협의회 한국고등교육정보센터 연구원

조배준
서양철학 전공, 경희대학교 강사

DMZ 접경지역 기행 1 고성편

초판 1쇄 인쇄 2022년 04월 22일
초판 1쇄 발행 2022년 04월 29일

펴 낸 이   건국대학교 통일인문학연구단 DMZ연구팀
감   수   최익현
발 행 인   한정희
발 행 처   경인문화사
편   집   유지혜 김지선 한주연 이다빈 김윤진
마 케 팅   전병관 하재일 유인순
출판번호   제406-1973-000003호
주   소   경기도 파주시 회동길 445-1 경인빌딩 B동 4층
전   화   031-955-9300   팩   스   031-955-9310
홈페이지   www.kyunginp.co.kr
이 메 일   kyungin@kyunginp.co.kr

ISBN 978-89-499-6635-9 03910
값 11,000원